Nostradamus neu gedeutet

Manfred Dimde

NOSTRADAMUS NEU GEDEUTET

Prophezeiungen für das 21. Jahrhundert

Im FALKEN Taschenbuch sind zahlreiche weitere Titel zum Themenbereich Esoterik erschienen.
Sie sind überall erhältlich, wo es Bücher gibt.

Sie finden uns im Internet: **www.falken.de**

Der Text dieses Buches entspricht den Regeln
der neuen deutschen Rechtschreibung.

Dieses Buch wurde auf chlorfrei gebleichtem
und säurefreiem Papier gedruckt.

Bei diesem Buch handelt es sich um die erweiterte Neuauflage von 60437

ISBN 3 635 60661 8

© 2001 by FALKEN Verlag, 65527 Niedernhausen/Ts.

Umschlaggestaltung: Martina Eisele Grafik Design, München
Gestaltung: Christina Dinkel
Redaktion: Diane von Weltzien, Schwarzenhof/Vera Baschlakow
Herstellung: Petra Zimmer
Zeichnungen: FALKEN Archiv S. 84, Hoffmann S. 83
Bildnachweis: Archiv für Kunst und Geschichte: S. 93;
Image Bank, München: S. 21 Hans Nelemann, S. 95 Tcherevkoff, S. 128 Peter Grumann; **dpa:** S. 13, S. 103 Kumm, S. 88 Biber, S. 91 Menk, S. 100 Wieseler, S. 105 Tschanz/Hofmann, S. 117 Pladeck, S. 121 Bundeswehr, S. 149 Frever, **Manfred Dimde:** S. 15, S. 21, S. 29, S. 31, S. 47
Satz: FROMM MediaDesign GmbH, Selters/Ts.
Druck: Freiburger Graphische Betriebe GmbH, Freiburg

817 2635 4453 6271

Inhalt

Vorwort

Mit dem Namen Nostradamus verbinden viele Menschen in aller Welt Prophezeiungen, die in schwer verständlichen Worten von ihm niedergeschrieben wurden. Seit rund 450 Jahren versuchen Autoren, Licht in sein Werk der Prophetie zu bringen, um genau sagen zu können, was uns erwartet, welches Ereignis er gemeint und welche Persönlichkeit, die künftig in die Geschichte eingehen wird, er beschrieben haben könnte. Ist es nicht legitim, dass wir zu Beginn des 3. Jahrtausends der christlichen Zeitrechnung versuchen, einen Blick in seinen Almanach der Zukunft zu werfen, und dass wir uns die Entwicklung in den nächsten hundert Jahren vor Augen führen wollen?

Mit diesem Buch lade ich Sie ein, mit mir einen Streifzug durch die Texte zu machen, die Nostradamus für das 21. Jahrhundert hinterlassen hat. Möglich ist dies dadurch geworden, dass die Texte des Sehers aus Südfrankreich wieder in die ursprüngliche Zeitordnung gebracht werden können. So kann man heute genau den Text identifizieren, der für ein bestimmtes Jahr zwischen 1555 und 3797 niedergeschrieben wurde. (Im Anhang finden Sie diesen Text ab Seite 151.)

Alles geht weiter! Ob Christen das 2000. von ihnen gezählte Jahr, Moslime das 1500. oder Buddhisten das 2500. feiern – wer kann uns garantieren, dass solche Zählungen in der Dauer der Zeit des Universums überhaupt zur Kenntnis genommen werden? Dass der Krümel Materie, den wir Erde nennen, das 2000. Jahr übersteht, werden diejenigen meiner Leser, die dieses Buch nach dem Jahr 2000 lesen, ohnehin wissen. Eine Frage stellt sich uns allen: Wie geht es weiter? Und wie geht es weiter? Äußerlich immer rasanter und kolossaler durch die Entdeckung einer neuen Energiequelle. Gleichzeitig werden auch innere Werte immer wichtiger, und es gibt viel Freiraum für die persönliche Entfaltung. Kaum zu glauben, aber wir werden alle noch die Geburtswehen dieser neuen Zeit miterleben. Genießen werden sie unsere Nachfahren, die in den nächsten Jahrhunderten geboren werden.

An dieser Stelle möchte ich mich bei allen bedanken, die an diesem Buch gestaltend mitgearbeitet haben, um ein „wirklich anderes" Nostradamus-Buch zu schaffen. Ihnen und allen Leserinnen und Lesern wünsche ich interessante Stunden mit diesem Buch und viele gute Jahre im neuen Jahrtausend nach unserer Zeitrechnung.

Manfred Dimde
Sommer 1998

Vorwort zur erweiterten Ausgabe

Inzwischen sind einige Jahre vergangen. Dieses Buch ist seit seinem Erscheinen in mehrere Sprachen übersetzt worden. Dies hat dazu beigetragen, dass meine Erkenntnisse über die Methode, die Nostradamus für seine Vierzeiler benutzt hat, um sie für das profane Volk unleserlich zu hinterlassen, über Deutschland hinaus bekannt geworden sind.

Wie könnte es anders sein, der losgetretene Schneeball beginnt zu rollen. Ein sehr konkreter Hinweis aus meinem Leserkreis machte mich auf Anicius Manlius Severinus Boethius aufmerksam. Ein wertvoller Tipp, denn die mir von Nostradamus bekannte Methode lässt sich auf die Werke dieses Mannes, der von ca. 476 bis 524 n. Chr. gelebt hat, mit Erfolg anwenden. Achtung! Boethius hat fast 1000 Jahre vor Nostradamus gelebt. Damit bekommt ein Wort des Sehers aus Südfrankreich seinen tieferen Sinn: „Ich habe nichts getan, was gegen die heilige Kirche verstößt."

Manfred Dimde
Frühjahr 2001

Michel de Notredame und seine Zeit

Die Welt der Prophetie

Haben Sie sich schon einmal Gedanken darüber gemacht, woran es wohl liegen mag, dass es sowohl in der jüdischen als auch in der christlichen Welt seit vielen, vielen Jahren keine Propheten mehr gegeben hat?

Die Ursache hierfür ist die schlechte Erfahrung, welche die Mächtigen mit den Propheten machten, denn Weissagung wurde meist als politisches Instrument der Opposition und des Widerstands missbraucht.

Propheten und ihre Visionen können politisch zur Beeinflussung der öffentlichen Meinung eingesetzt werden, vor allem dann, wenn über eine überschaubare Zeitperiode die Vorhersagen tatsächlich eingetroffen sind.

In der geschichtlichen Zeit, welche das Alte Testament überliefert, hatten Propheten solche Macht, dass sie durch ihren öffentlichen Auftritt aus Hirtenknaben Könige machen konnten. Die frühen christlichen Gemeinden vermieden es, „Propheten aus den eigenen Reihen" anzuerkennen, denn nachdem Jesus am Kreuz gestorben war, gab es nichts weiter zu tun, als auf seine bevorstehende Rückkehr zu warten. Diese Auffassung hat die Christenheit nachhaltig geprägt.

Bis gegen Ende der Renaissance im Jahre 1503 Michel de Notredame geboren wurde. Er ist heute als Prophet anerkannt, obwohl er auf den ersten Blick kein einziges klares, d. h. unverschlüsseltes Wort der Weissagung hinterlassen hat.

Nostradamus weissagt den Tod des Königs

Die ersten Versuche, mittels der Visionen des Michel de Notredame Einfluss auf das politische Geschehen zu nehmen, gab es bereits zu seinen Lebzeiten. Das bekannteste Beispiel dürfte wohl jene Vision sein, in welcher der Seher den Tod des französischen Königs Heinrich II. vorhersagte.

Im Jahre 1559, anlässlich der Hochzeitsfeierlichkeiten seiner Tochter, die mit dem spanischen König, Philip II., vermählt wurde, veranstaltete Heinrich II. ein Ritterspiel. Im Verlauf des Turniers stieg Heinrich II. selbst in den Sattel. Er ritt auf seinen Gegner zu, einen jungen englischen Adligen, um mit ihm die Lanze zu brechen. Die Lanze barst, und ein Holzsplitter drang dem König durchs Auge ins Gehirn.

Es ist überliefert, dass die Zuschauer, die Höflinge Heinrichs II., den Seher Nostradamus verfluchten, weil er bereits 1555 in Vers I,72 eine Vision niedergeschrieben hatte, die in Beziehung zum Turniertod des Königs gesetzt werden konnte. Dieser tragische Vorfall wird seither in der Nostradamus-Literatur als Beispiel für eine eingetroffene Vision angeführt.

Warum verfluchten die Höflinge Nostradamus? Waren sie der Ansicht, dass der Mann aus der Provence den König hätte warnen müssen? Gaben sie ihm die Schuld, weil sie ihn als den Mann im Hintergrund ansahen, der die Versöhnung Frankreichs mit Spanien angeregt hatte? Sein Einfluss auf Heinrich II. und seine Gemahlin Katharina von Medici war bekannt. Der Anlass für das unglückselige Turnier war die Hochzeit, und diese hatte Nostradamus als Versöhnungsgeste zwischen Frankreich und Spanien empfohlen.

Man könnte den Zorn des Volkes auf Nostradamus auch anders erklären. Zum Beispiel mit der allgemeinen Ansicht, dass „ein Seher für das Geschaute" verantwortlich ist, so als ob er durch die öffentliche Bekanntgabe seiner Vorhersage ihr Eintreffen verursacht habe.

Der Missbrauch der Nostradamus-Visionen

Nostradamus' Weissagungen wurden auch in den Jahren nach König Heinrichs II. Tod und weit über sein eigenes Todesjahr 1566 hinaus von den Politikern Frankreichs missbraucht. Es ist bekannt, dass die Gesandten am französischen Hof, neben ihrer Tätigkeit als Vertreter ihrer Fürsten, auch über den Hofklatsch und die Intrigen zu berichten hatten.

Überliefert sind beispielsweise die Berichte des Gesandten von Venedig. Aus ihnen geht hervor, dass die ersten 342 Verse von Nostradamus, die er im März 1555 niedergeschrieben und im Mai desselben Jahres veröffentlicht hatte, ständig mit der Situation am französischen Hof verglichen wurden. So hoffe man, Politik ohne Risiko für Leib und Leben zu machen.

Was steckte dahinter? Es war an allen Höfen und zu allen Zeiten gefährlich, gegen die Herrschenden zu intrigieren. Spione und Spitzel lauerten überall. Da kam den Höflingen das Buch des Nostradamus gerade recht. Sie konnten sich beliebig Verse herausgreifen, um sie für die eigenen Intrigen gezielt einzusetzen. Wenn zum Beispiel der König einen Nebenbuhler hatte umbringen lassen, dann wurde dies mit einem Text des Nostradamus erklärt, in dem es sinngemäß heißt: „Der König machte seine Königin zur Witwe." So konnte man, indem man Nostradamus nach Belieben zitierte und interpretierte, Gesprächsstoffe des eigenen Interesses in die Diskussion mit anderen Höflingen einbringen und lief nicht Gefahr, dafür verfolgt zu werden, denn „man hatte ja lediglich den Seher zitiert!"

Das Zeitalter Napoleons und der Zweite Weltkrieg im Licht der Nostradamus-Interpretation

Der Gebrauch der Nostradamus-Verse war für die geschilderte Art der Konversation bis in unsere Tage gut. Einen neuen Höhepunkt erlebte die Nostradamus-Interpretation in der Zeit Napoleons.

Das Brandenburger Tor in Berlin

Aus den Anmerkungen früher Nostradamus-Forscher geht hervor, dass man in der Zeit von 1787 bis 1820 fast 600 Verse, also etwa $^2/_3$ der rund 1000 Verse des Nostradamus, in Beziehung zur Französischen Revolution und zu Napoleons Kaiserreich setzte. Sogar Napoleon selbst nutzte die Verse, um seine Berufung zum Kaiser als den Willen des Schicksals oder Gottes auszulegen. Zur selben Zeit bemühten sich die europäischen Adeligen in ihren Salons, in den Weissagungen des Nostradamus Hinweise auf Napoleons Untergang zu finden.

Vor sechzig Jahren, während des Zweiten Weltkriegs, gab es den Versuch seitens der Nazi-Propaganda, Nostradamus-Verse als Beweis für das Eintreffen des Endsiegs heranzuziehen. Vers 90 aus der IX. Centurie wurde mit „Ein Führer des Großdeutschen Reichs wird kommen, um Hilfe zu leisten" übersetzt und als Hitlers Endsieg interpretiert. Tatsächlich aber bezieht sich der Vers auf das Jahr 1990 und lautet: „Ein Kapitän des größeren Deutschland wird sich begeben, um Hilfe vorzutäuschen." Dass hiermit eine Szene aus der deutschen Wiedervereinigung von 1989/90 beschrieben wird, ist nicht zu bezweifeln.

England und die USA benutzten vor und während des Zweiten Weltkriegs ebenfalls Nostradamus-Verse, um die bevorstehende Niederlage Hitler-Deutschlands zu „beweisen". Bis in die heutige Zeit versuchen Autoren, die Details der Nazi-Schreckensherrschaft in den Versen des großen Sehers zu erkennen, um damit seine Glaubwürdigkeit zu dokumentieren.

Doch die meisten Nostradamus-Forscher lassen außer Acht, dass der Seher jeden seiner vierzeiligen Verse einem einzigen Jahr zugeordnet hat.

Nostradamus, der Prophet

Der Einfluss des Großvaters

Michel de Notredame wurde am 14. Dezember 1503 zum Klang der Mittagsglocken der nahe gelegenen Templer-Kirche Saint Martin geboren. Sein Geburtsort Saint-Rémy liegt knapp 30 Kilometer von der damaligen Weltstadt Avignon entfernt. Michel war der Erstgeborene von insgesamt 17 Kindern der sehr ehrenwerten, angesehenen und wohlhabenden Familie der Notredame.

Der Großvater war Leibarzt des in Saint-Rémy lebenden „Titularkönigs" von Jerusalem. Aus den Unterlagen, die in verschiedenen Notariatsarchiven in Südfrankreich erhalten geblieben sind, geht hervor, dass sich der Großvater zum Zeitpunkt von Nostradamus' Geburt bereits als Arzt zur Ruhe gesetzt hatte. Er konnte sich also seinem ersten Enkel besonders widmen und wurde als Erster auf seine Talente aufmerksam.

Aus anderen Quellen ist bekannt, dass der junge Nostradamus eine ganz außerordentliche Begabung besaß: Er brauchte einen Text nur einmal zu überfliegen und konnte ihn sofort auswendig wiederholen. Seine Gedächtnisleistung muss phänomenal gewesen sein.

Offenbar war der Einfluss des Großvaters nicht unbedeutend, denn als einziges Mitglied der Familie de Notredame wird Michel Arzt. Außerdem interessierte er sich für Astronomie. Seine Mitschüler nannten ihn den „jungen Astrologen", weil er ihnen ständig die Geheimnisse und das Wesen von Kometen, Sternen und Sternbildern erklären wollte. Auch dieses Wissen hatte er der persönlichen Ausbildung durch seinen Großvater zu verdanken.

Der Tod des Großvaters im Jahre 1518 muss für den Fünfzehnjährigen das erste einschneidende Ereignis seines Lebens gewesen sein. Auffallend ist, dass er sich ab diesem Zeitpunkt nur noch sehr selten im Haus der Familie aufhielt. Mit 16 Jahren – in der damals kurzlebigen Zeit hatte man dann die Hälfte seines Lebens bereits hinter sich – nahm er sein Studium in Avignon auf. Den größten Teil der nächsten zehn Jahre verbrachte er jedoch vorwiegend in Montpellier, wo er schließlich als Doktor der Medizin bestätigt wurde.

Die Freundschaft mit François Rabelais

Zum Ende seines Medizinstudiums hielt sich dort ein gewisser François Rabelais (1494–1553) auf, ein hoch begabter, sprachkundiger Franziskaner-Mönch, der ebenfalls seine Medizinstudien hier beendete. Dieser, der wie Michel de Notredame des Altgriechischen mächtig war und später als Schriftsteller, Arzt und Humanist berühmt wurde, muss tiefen Eindruck auf den jungen Seher gemacht und ihn entscheidend geprägt haben.

Rabelais, der in die französische Literatur als Autor der zeitkritischen Romane über die Riesen Pantagruel und Gargantua eingegangen ist, dürfte Michel de Notredame später in den Beraterkreis des

Rabelais im Jahre 1552

Papstes eingeführt haben, dem er selbst angehörte. Die Anzeichen sprechen sogar dafür, dass Nostradamus von ihm systematisch zu seinem Nachfolger aufgebaut wurde. Es fällt auf, dass Nostradamus zwar schon vorher verschiedene Schriften prophetischen Inhalts veröffentlichte, aber erst in dem Augenblick in die Öffentlichkeit trat, als Rabelais am französischen Hof in Ungnade fiel und einige Zeit später starb. Nachdenklich stimmt auch, dass François Rabelais zwar heimlich, aber doch auch mit großem rituellen Aufwand in Paris beerdigt wurde. Nach seinem Tod war es Nostradamus' Aufgabe, mit den Mächtigen in Frankreich zu verkehren.

Während Michel de Notredames Studienzeit wüteten in Südfrankreich zahlreiche Epidemien, welche damals wie unter einem Sammelbegriff als Pest bezeichnet wurden. Aus einem Archiv der Stadt Salon-de-Provende geht hervor, dass in jener Zeit die Bevölkerung in der Stadt durch Epidemien von rund 6 500 auf 1 700 reduziert wurde! Der Schock in der Bevölkerung saß folglich tief, und „die Angst hatte am Tisch Platz genommen", um die Situation im Stil des Nostradamus zu beschreiben.

Die jungen Ärzte Michel de Notredame und François Rabelais ließen sich in Agen nieder. Beide heirateten, Rabelais mit einer Ausnahmegenehmigung des Papstes. Die Tragödie nahm ihren Lauf, als drei Jahre später beide Männer während einer Pestepidemie ihre jungen Ehefrauen und Nostradamus seine beiden Kinder verlor. Rabelais kehrte ins Kloster zurück, und der unglückliche Michel de Notredame sah sich plötzlich auch noch in einen Prozess mit seinen Schwiegereltern verwickelt. In dieser Auseinandersetzung ging es um die zweite Rate der Mitgift seiner Frau, die nicht rechtzeitig ausbezahlt worden war und nun, nach ihrem Tod, eingespart werden sollte.

Jahre der Ruhelosigkeit

Von Michel de Notredame wird berichtet, dass er sich anschließend in Nordfrankreich, angeblich auch in Köln, aufgehalten haben soll. Auch in Toulouse stößt man auf seine Spuren, wo er sich mit der Herstellung von Kosmetika, Parfüm, potenzsteigernden Mittelchen und Verjüngungselixieren sein Geld verdiente.

Doch die folgenden Jahre seiner Biografie bleiben im Dunkeln. Wo sich der große Seher bis 1545 aufgehalten hat, geht aus keiner der ohnehin nicht eben zahlreichen Quellen hervor. Es gibt jedoch zwei Hypothesen, die beide gleichermaßen zutreffend sein könnten. Zum einen tat sich in der Zeit, in der man über Michel de Notredame nichts in Erfahrung bringen kann, ein Mönch namens Orvalius in einem Kloster namens Orval als Heiler und Zukunftsseher hervor. Er wurde rasch über das Einzugsgebiet seines Klosters hinaus bekannt. Durch den großen Zulauf entwickelte sich Orval rasch zu einem Wallfahrtsort. Doch von heute auf morgen verschwand der Mönch. Etwa zur gleichen Zeit tauchte Nostradamus wieder auf.

Zum anderen gibt es die Hypothese, dass Michel de Notredame über Salamanca nach Fez im heutigen Marokko reiste. Dort befand sich eine Universität für judizielle Astrologie. Anschließend bereiste er die Länder um das Mittelmeer und kehrte über Rom, Mailand und Nizza nach Aix-en-Provence zurück. Für diese These spricht die Tatsache, dass Nostradamus tatsächlich die judizielle Astrologie beherrschte. Diese konnte er nur von seinem Großvater oder aber in Fez erlernt haben. Untermauert wird sie ferner durch den belegten Vorsatz des Michel de Notredame, ein Buch über Ägypten, genauer über den ägyptischen Gott Horus, zu schreiben. Der handschriftliche Entwurf der Titelseite zu diesem Buch ist für die Nachwelt erhalten geblieben. Außerdem steht fest, dass Nostradamus bemerkenswert viele Details aus dem Islam kannte, dass er in seinen Prophezeiungen das Wort Byzanz oft wertend gebrauchte und dass er tatsächlich in Ägypten war. Also könnte eine längere Reise durch die Mittelmeerländer durchaus wahrscheinlich sein.

Der erfolgreiche Pestarzt

1545 war in Aix-en-Provence die „Pest" ausgebrochen, soweit es sich heute noch feststellen lässt, muss es sich um eine Keuchhustenepidemie gehandelt haben. Michel de Notredame, inzwischen 42 Jahre alt, verlässt Marseille auf dem schnellsten Weg. Dass er sich dort aufhielt, weiß man aus Akten, in denen vermerkt wurde, dass der Seher die ansässigen Apotheker als Scharlatane bezeichnet hatte. In Aix-en-Provence betätigte er sich als Seuchenarzt und Apotheker, indem er genaue Anweisungen gab, wie die Krankheit zu bekämpfen sei. Außerdem produzierte er eine Art Puder, welches aus blauem Ambra und aus Rosenöl bestand, und in gleicher Zusammensetzung Lutschpastillen. Seiner Anordnung zufolge war das Puder in die Kleider zu streuen und laufend zu erneuern, die Pastillen mussten ohne Unterlass gelutscht werden. Mit diesen Mitteln befreite Michel de Notredame die Stadt von der „Pest".

Solche Erfolge sprachen sich schnell herum, und schon bald erhielt er einen Hilferuf aus Salon-de-Provence, welches etwa eine Tagesreise entfernt lag. Der Arzt wiederholte die bereits beschriebene Vorgehensweise mit gleichem Erfolg auch an diesem Ort.

Mittlerweile hatte die Epidemie Lyon erreicht und Nostradamus begab sich dorthin, um seine bewährte Behandlungsmethode, den Puder und die Lutschpastillen, auch dort zu verkaufen.

Die zweite Heirat

Nachdem es in Lyon nichts mehr für ihn zu tun gab, kehrte Michel de Notredame offenbar in den Raum Saint Rémy und Salon-de-Provence und damit zu seinen Geschwistern zurück. In Salon hatte sich einer seiner Brüder, Bertram de Notredame, mit seiner Frau Thominée niedergelassen. Bertram war dort Stadthauptmann.

Es ist durchaus denkbar, dass er in weiser Voraussicht für alle in der Zukunft zu erwartenden Epidemien einen erfahrenen und erfolgreichen Medikus an seine Stadt binden wollte. Vielleicht war es jedoch auch seine Absicht, dem seit dem Tod seiner Familie entwurzelten Michel de Notredame wieder eine Heimat zu geben. Welches auch Bertrams Motive gewesen sein mögen, jedenfalls fädelten er und seine Frau unter Nutzung ihrer Verbindungen für den Bruder Michel die Bekanntschaft mit einer jungen, kinderlosen Witwe aus guter Familie ein. Am 11. November 1547 wurde der Heiratsvertrag mit Anne Ponsard, Tochter von Pascale und Thomasée Arnaud, geschlossen.

Zum Zeitpunkt seiner zweiten Eheschließung muss Michel de Notredame, trotz seiner Erfolge als Pestarzt, ohne Vermögen gewesen sein, denn sein Onkel Pierre sicherte ihm im Ehevertrag standesgemäße Kleidung und ein Pferd für die Ausübung seiner Tätigkeit als Arzt zu. Ruft man sich in Erinnerung, wie und wo er die Jahre vor seiner Zeit in Aix-en-Provence verbracht haben mag, dann scheint dies durchaus nachvollziehbar. Weder im Kloster in Oval noch auf einer Reise durch die Mittelmeerländer hätte Michel de Notredame die Gelegenheit gehabt, Reichtum zu erlangen.

Für die Beurteilung der folgenden Ereignisse ist es wichtig, im Gedächtnis zu behalten, dass Michel de Notredame zu diesem Zeitpunkt ein armer Mann war. Denn als er 1566, also 19 Jahre später, starb, war er mehrfacher Millionär und vermutlich der reichste Mann der Provence, der es sich sogar leisten konnte, dem Land einen 16 Kilometer langen, schiffbaren Bewässerungskanal zu schenken und dieses auch für damalige Verhältnisse große Projekt in drei Raten zu bezahlen.

Am 26. November 1547 wurde die Hochzeit gefeiert. Aus der Ehe gingen insgesamt sechs Kinder hervor, drei Söhne und drei Töchter: Madeleine (1551), César (1553), Charles (1556), André (1557), Anne (1558) und Diane (1561).

Die ersten Veröffentlichungen

Ab 1550 begann Nostradamus in regelmäßigen Abständen kleine Schriften zu veröffentlichen, die den Leser darin berieten, wie man gesund bleiben kann, Potenzmittel herstellt, Marmelade einkocht und dergleichen mehr. Außerdem wurde der Seher durch die Herausgabe eines damals sehr beliebten Almanachs bekannt. Dieser enthielt Prognosen für das laufende Jahr, traf Aussagen über das Wetter, die Pest, die zu erwartende Ernte, über Krieg und Frieden und machte Aussagen über astrologische Konstellationen wie etwa über bevorstehende Kometenerscheinungen als Unglückskünder.

Es ist bekannt, dass Nostradamus nur vier Stunden Schlaf benötigte. Daher verbrachte er einen Großteil der Nacht auf dem Ausguck seines Hauses und beobachtete mit seinen Instrumenten den Weg der Sterne. Für ihn als Arzt war die Beschäftigung mit der Astronomie eine gute Werbung. Denn in der Renaissance vertrat man die Auffassung, dass Gott mithilfe der Planeten die Strafen für die sündigen Menschen an den Himmel schreibt.

Mit der Herausgabe der ersten Jahrbücher unter dem Titel „Almanach vom Jahre …, mit den Vorhersagen und Berechnungen und Erklärungen von Michel Nostradamus, Arzt und Astrologe in Salon de Crau en Provence" erreichte der Name Nostradamus bald einen großen Bekanntheitsgrad. Unter dem Titel befand sich in etwas kleinerer Schrift jewils ein vierzeiliger Vers, welcher die Prophezeiung für das kommende Jahr enthielt.

Seit 1554 veröffentlichte Michel de Notredame parallel zum Almanach eine Serie von Broschüren, die nur Vorhersagen enthielten. Ihr Titel lautete: „Die großen Vorhersagen, geschaffen durch Michel de Notredame, Arzt in Salon de Crau en Provence". Und im Frühjahr 1555 erschien bei Macée Bonhomme in Lyon die erste Auflage der „Großen Prophezeiungen". Diese Erstausgabe enthält die ersten drei Centurien und die vierte Centurie bis zum 53. Vers, also insgesamt 353 Verse. Innerhalb kurzer Zeit kam es zu drei Auflagen des Werkes. Am 3. November 1557 gelangte die vierte, erweiterte Auflage in die Hände der Leser. Sie enthielt nun insgesamt sechs Centurien und die siebte bis zum 42. Vers.

Arzt und Vertrauter der Königsfamilie

Erfolg verhilft zu Aufsehen! Und so konnte es nicht ausbleiben, dass der französische Königshof auf Nostradamus aufmerksam wurde. Dies stand schon allein deshalb zu erwarten, da der Seher die Herrschenden und Regierenden in seinen Prophezeiungen erwähnt. Und da er dies, seiner Art gemäß, in doppelsinnigen Versen und für die Leser auf vermeintlich positive Weise tat, blieb es nicht aus, dass das französische Königspaar auf ihn aufmerksam wurde.

Von 1547 bis 1559 war Heinrich II. König in Frankreich. Katharina von Medici, seine Königin, hatte offenbar eine der ersten Ausgaben der „großen Prophezeiungen" des Nostradamus gelesen und schrieb daher an den königlichen Statthalter in der Provence, Graf Claude de Tande, dass „der König diese Person zu sehen wünscht!"

De Tande, der Michel de Notredame sehr schätzte, überbrachte die Einladung des Königs, und bereits am 14. Juli 1555 machte sich Nostradamus auf den Weg, um über Lyon nach Paris zu reisen, wo er am 15. August eintraf. Unmittelbar nach seiner Ankunft schickte der König dem Seher seinen Hofmarschall Anne de Montmorency in die Herberge, damit dieser Nostradamus auf seinen Auftritt bei Hofe vorbereitet.

Die Einführung bei Hofe fiel für Michel de Notredame positiv aus, denn der König und die Königin, scheinbar tief beeindruckt, honorierten sein Er-

Heinrich II., König von Frankreich

scheinen mit 100 Goldkronen – auch damals schon ein traumhafter Lohn. Außerdem war sie der Beginn einer bemerkenswerten Karriere. Vom französischen Königspaar akzeptiert, sonnten sich hinfort viele Adelige in seiner Gegenwart. Auf zahlreichen Festen, an denen auch das Königspaar teilnahm, stand Nostradamus im Mittelpunkt.

Nach diesem ersten Aufenthalt am französischen Hof hielt Nostradamus auch weiterhin engen Kontakt zur Königsfamilie. Darüber hinaus führten ihn seine Reisen nun auch oft nach Oberitalien, und er war nun ständig in Lyon anzutreffen.

Auch der Tod Heinrichs II. im Jahre 1559 änderte für Michel de Notredame wenig. Als der älteste Sohn, Franz II., nach einjähriger Regierung einem Giftanschlag zum Opfer fiel, musste der erst zehnjährige spätere Karl IX. den Thron Frankreichs besteigen. Katharina von Medici erhielt all die Zeit den einmal geknüpften Kontakt aufrecht, besuchte Nostradamus sogar in Salon-de-Provence und machte ihn schließlich zum geheimen Berater und Leibarzt des noch unmündigen Königs.

Im Herbst 1564 stattete der junge Karl IX. selbst Michel de Notredame einen Besuch in Salon-de-Provence ab. Anhand der Schilderung eines Höflings lässt sich leicht ermessen, welche Bedeutung der Aufenthalt des königlichen Gasts in einer kleinen Stadt wie Salon hatte: „Der König hielt sich drei Wochen in Salon auf. Am 16. Oktober 1564 speiste er im Château Renard in Saint-Rémy und schlief dort. Am nächsten Tag begab er sich auf den Weg nach Salon. Ihre Majestät kam dort am selben Tag des 17. Oktober um drei Uhr nachmittags an. Ihre Majestät wurde krank. In ihrer Begleitung befanden sich 500 Personen. Die kleine Stadt war viel zu eng für so viele anspruchsvolle Gäste, sodass die Unterbringung des Einzelnen eine einzige Katastrophe war.“

Die letzten Jahre

Über die letzten Monate im Leben des Nostradamus hat sein Sohn César einen Bericht hinterlassen. Ihm zufolge litt der Vater unter Rheuma, Gicht und Arteriosklerose und unter den mit diesen Krankheiten einhergehenden Symptomen. Die damals zur Verfügung stehenden Naturarzneien konnten dem Seher schon bald keine Linderung mehr verschaffen, und Nostradamus hielt nichts davon, zur Ader gelassen zu werden. Zu allem übrigen Leid kam bald die Wassersucht, welche schließlich die Lungen erfasste. Nun fühlte Nostradamus selbst seinen Tod nahen.

Am 17. Juni 1566 bestellte Michel de Notredame den Notar M. J. Roche zu sich, der nach einer ersten Vorbesprechung das Testament nach seinen Wünschen ausfertigte. Der sterbende Nostradamus machte seine engsten Freunde zu Testamentsvollstreckern, denn er wollte sichergehen, dass sowohl seine Frau als auch seine sechs Kinder gut versorgt waren.

Das Vermögen, welches der Seher aufteilen konnte, war, wie bereits erwähnt, beträchtlich. Was die Originalhandschriften seiner Prophezeiungen betraf, so verfügte er im Testament, dass dasjenige seiner Kinder die verschnürten Pergamentbündel erhalten sollte, welches sich am meisten dafür interessierte.

Bisher gingen alle Nostradamus-Forscher, auch ich, wie selbstverständlich davon aus, dass sein Sohn César de Notredame die Manuskripte an sich genommen haben muss. Doch diese Annahme scheint falsch zu sein. Einige Jahre nach Michel de Notredames Tod wurde seine Tochter Diane unter der Protektion der Königin mit einem Baron de Sève aus Beaucaire verheiratet. Sie scheint im Besitz der Originale gewesen zu sein, denn 1605, anlässlich des fünfzigsten Jahrestags der Erstveröffentlichung der ersten 342 Verse, veröffentlichte ein Vincent de Sève erstmals die vollständigen 942 Verse des Nostradamus.

Drei Tage, nachdem Nostradamus sein Testament gemacht hatte, versammelte er nochmals alle Menschen, die ihm nahe standen, um sich. Allen Anwesenden schenkte er kleine Erinnerungsgaben. Anschließend beichtete er bei seinem langjährigen Freund, Pater Vidal, dem Abt der Barmherzigen Brüder in Salon-de-Provence, und erhielt die heiligen Sterbesakramente der römischen Kirche.

In der Nacht vom 1. auf den 2. Juli 1566 starb Nostradamus. Noch am gleichen Tage wurde er in einer feierlichen Prozession ins Kloster der Barmherzigen Brüder gebracht, wo er sich eine Grabstelle gekauft hatte, und stehend beigesetzt.

Nach altem Brauch legte man all seine während seines Lebens veröffentlichten Schriften mit in sein Grab, damit er vor dem Jüngsten Gericht die Dokumente zur Rechtfertigung seines Tuns zur Hand hat. Seine Witwe, so beschreibt es sein Sohn César, ließ eine Grabplatte nach italienischem Vorbild mit dem folgenden Text anbringen:

D.O.M. Clarissimi ossa michaelis nostradami unius omnium moratlium iudicio digni civis pene divino calamo totius orbis ex astrorum influxu futuri eventus conscriberentur. Vixit annos LXII menses VI dies XVII. obiit salone anno MDLXVI quietem posteri ne invidete. Anna Pontia Gemella salonia coniugi optat v. felicit.

Hier die Übersetzung der Grabinschrift:

„Dem besten höchsten Gott geweiht.
Hier ruhen in Frieden die Gebeine des einzig guten Michael Nostradamus, der von allen geachtet, würdig befunden war zu schreiben die von göttlicher Feder durch den Lauf der Sterne bestimmten, künftigen Ereignisse des Erdkreises. Gestorben im Alter von 62 Jahren, 6 Monaten und 17 Tagen in Salon im Jahre 1566. Nachkommende stört nicht seine Ruhe. Anna Pontia Gemella zu Salon wünscht dir die ewige Seligkeit."

Rund 250 Jahre konnte der Seher in Frieden ruhen, bis während der Französischen Revolution sein Grab durch Jakobiner aus Marseille im Zuge der Plünderung des Klosters geöffnet und die Gebeine und Bücher auf dem Fußboden der Kirche verstreut wurden. Der damalige Bürgermeister von Salon-de-Provence sammelte die sterblichen Überreste des Michel de Notredame wieder ein und ließ sie später in der Kirche von Saint-Laurent in einer Wand einmauern. Die Bücher des Nostradamus bewahrte man hinfort im Stadtarchiv auf. 1946 wurden sie zusammen mit rund 5 000 anderen Dokumenten von US-Offizieren in die USA verbracht.

Bis Anfang der Achtzigerjahre kümmerte sich die Gemeinde von Salon-de-Provence nicht um ihren großen Sohn Nostradamus. Ein Tischlermeister kaufte die baufälligen Reste des einstigen Nostradamus-Hauses und restaurierte es in Eigenarbeit so gut er konnte. Inzwischen jedoch hat Salon-de-Provence Nostradamus als Touristenattraktion entdeckt, und jedes Jahr im Sommer finden die so genannten Nostradamus-Tage statt.

Nostradamus, der Geheimnisvolle

Seit ich 1986 den Schlüssel zu den Versen des Michel de Notredame fand, entwickelten sich meine weiteren Recherchen immer mehr zu einem spannenden Roman in dem Kreuzritter, Templer, der Vatikan, die bedeutendsten klösterlichen Orden des Mittelalters und der Renaissance, die Medici, der französische Hof, der Gründer des englischen Geheimdienstes, Sir Francis Walsingham, und am Rande auch Paracelsus und die Habsburger vorkommen. Anfangs war ich, wie die meisten Autoren vor mir, noch der Meinung, dass es sich bei Nostradamus um einen Einzelgänger handelte, der für sich allein, in einer stillen Kammer arbeitete und dort mithilfe einer Schüssel voll Wasser seine Visionen hatte. Doch meine Nachforschungen brachten Schritt um Schritt einen ganz anderen Nostradamus zum Vorschein. Dieser scheinbar weltfremde Eigenbrötler aus der Provence war in Wirklichkeit die graue Eminenz an den Höfen Spaniens, Italiens und Frankreichs. Diesen be-

Die Kristallkugel verwenden Seher häufig

deutenden Einfluss übte er nicht persönlich aus, sondern über die Mitglieder eines, wie er schreibt, „geheimen philosophischen Zirkels", dessen Sitz in Lyon und in Mailand war. Seit 1558 war Nostradamus der Prior dieser Vereinigung. Doch wer gehörte diesem mysteriösen philosophischen Zirkel an?

Der geheime Zirkel des Nostradamus

Die erste Teilausgabe der „Großen Prophezeiungen" des Nostradamus erschien 1555 bei Macée Bonhomme in Lyon, der mit Sicherheit ein Mitglied der geheimen Gesellschaft war. Sein Name enthält darüber hinaus interessante, versteckte Hinweise auf die geistigen Inhalte des Zirkels.

Der Einfluss der Katharer

„Bonhommes", also Gutleute, nannten sich in Südfrankreich die Katharer oder Albigenser, die aufgrund ihrer dualistischen Glaubensauffassung von der Kirche als Ketzer verfolgt wurden. Im 12. und 13. Jahrhundert waren sie vor allem im Languedoc verbreitet, bis sie in einem Kreuzzug, der 1244 im Fall der Burg Montségur seinen Abschluss fand, fast vollständig vernichtet wurden. Lediglich in den Pyrenäen und in Norditalien und später in den großen Städten wie in Mailand, Genua und Verona konnten sich kleine katharische Glaubensgemeinschaften noch etwas länger halten.

Möglicherweise kam Nostradamus, der sich oft in Mailand und Norditalien aufhielt, dort mit katharischem Gedankengut in Berührung. Oder aber dies geschah tatsächlich in Lyon, in der Stadt der Buchdrucker, über seinen Verleger Macée Bonhomme. Mehrmals hielt sich Michel de Notredame auf der Durchreise nach Paris längere Zeit bei diesem Mitglied des geheimen Zirkels in Lyon auf.

Das Spiel mit den Namen

Angehörige von geheimen Bruderschaften wählten in der Renaissance und auch später gerne „Künstlernamen", anhand derer Eingeweihte erkennen konnten, welchen Rang sie innerhalb der Bruderschaft einnahmen. Durch symbolische Handzeichen und geheime Kodewörter signalisierte man, wer man war und stellte somit von vornherein klar, ob Vertrauen angebracht war oder nicht. Auch Visitenkarten konnten ein solches Hilfsmittel sein. Von Michel de Notredame existiert noch eine Visitenkarte von 1555, jene, die er bei seinem ersten Besuch am Hofe Heinrich II. verwendete. Auf ihr fällt auf, dass ein „C" durch größeren Druck besonders hervorgehoben ist. Dies mag ein Hinweis darauf sein, dass der Seher zu diesem Zeitpunkt vielleicht erst an der dritten Stelle in der Rangfolge seines geheimen philosophischen Zirkels stand.

Das Spiel mit den Namen weist bei den drei Verlegern des Michel de Notredame – also bei Macée Bonhomme, Antoine de Rosné und bei Benoist Rigaud – und auch bei dem Brudernamen, den dieser selbst sich wählt, Nostradamus, interessante Gemeinsamkeiten auf und lässt spannende Schlüsse zu.

Schreibt man die Namen der Genannten in der unten gezeigten Schreibweise der so genannten „Radkreuzbrüder", dann folgt daraus, dass sich MA-C-EE Bonhomme an der dritten Position in der Rangfolge befunden haben muss, während es sich bei ANT-O-INE de Rosné und BEN-O-IST Rigaud um aufeinander folgende Stellvertreter gehandelt haben könnte:

```
                            A                    B
         M                  N                    E
         A                  T                    N
M  A  C  E  E    A  N  T  O  I  N  E    B  E  N  O  I  S  T
         E                  I                    I
         E                  N                    S
                            E                    T
```

Während bei ANT-O-INE de Rosné und bei BEN-O-IST Rigaud das „o" das Erkennungszeichen darstellte, wies bei NOSTR-A-DAMUS das „A" auf seine Stellung innerhalb der Bruderschaft hin: Nostradamus war mithin der Erste unter seinen Brüdern.

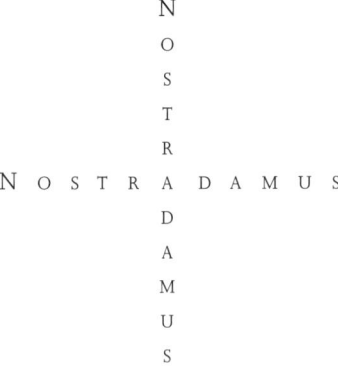

```
                    N
                    O
                    S
                    T
                    R
     N  O  S  T  R  A  D  A  M  U  S
                    D
                    A
                    M
                    U
                    S
```

Die graue Eminenz der römischen Kirche

Seinen eigentlichen Auftrag könnte Michel de Notredame jedoch bereits vor 1558 vom Vatikan erhalten haben. Er war offenbar vor allem für die Erfüllung zweier wichtiger Aufgaben verantwortlich:

1. Die Versöhnung Spaniens mit Frankreich, um die Christenheit gegenüber dem Islam zu stärken. Diese Aufgabe war mit der Heirat der ältesten Tochter Heinrichs II. mit Philipp II. von Spanien vollendet.
2. Die Rückführung der unter Heinrich VIII. von Rom abgefallenen Britischen Inseln in den Schoß der römischen Kirche.

Da die europäische Christenheit im 16. Jahrhundert unter der permanenten Angst vor möglichen Einfällen der mohammedanischen Türken im Osten litt, war das Interesse entsprechend groß, alle innereuropäischen Querelen zu beenden und die einzelnen Staaten wieder fester an Rom zu binden. Auch das von Rom abgefallene England sollte wieder in den Schoß der katholischen Kirche zurückgeführt werden. Daher war es möglicherweise die Hauptaufgabe des Nostradamus, der englischen Königin Elizabeth I. die Prophezeiungen, die sich auf das weitere Schicksal der Christenheit bezogen, unverschlüsselt in die Hände zu spielen. Offenbar konnte Katharina von Medici diesen Auftrag um das Jahr 1585 zu Ende bringen, denn es gibt deutliche Anzeichen dafür, dass sich seither in irgendeinem englischen Staatsarchiv eine unverschlüsselte Ausgabe der Nostradamus-Texte befindet.

Michel de Notredame

Michel de Notredame vermerkte in seinem Werk ausdrücklich, dass „er nichts getan hat, was gegen den Willen der heiligen römischen Kirche verstieß". Dies mag sich auf die Veröffentlichung der „Großen Prophezeiungen" beziehen, kann aber auch auf seine bis heute noch unbekannt gebliebenen Aktivitäten deuten.

Im Verlauf meiner Nachforschungen stellte sich heraus, dass Nostradamus gelegentlich Anmerkungen in „eigener Sache" in seinen Versen untergebracht hat. Sie wurden von ihm scheinbar so platziert, dass künftige Nostradamus-Eingeweihte mit ihrer Hilfe schließlich der tatsächlichen Wahrheit auf die Spur kommen würden. In einer solchen Anmerkung ist der Hinweis enthalten, dass er sein „Buch der großen Prophezeiungen" mehr als „Buch der Hoffnung für die künftig in Drangsal geratende katholische Kirche" ansieht. Wer also der Botschaft des Nostradamus Glauben schenkte, der musste folglich daran interessiert sein, die Einigkeit in der Kirche wieder herzustellen. Alle Bemühungen jedoch, die durch die Reformation bewirkte Spaltung der Kirche rückgängig zu machen, waren zum Scheitern verurteilt.

Das Buch der großen Prophezeiungen

Wie es entstand

Ab 1554 veröffentlichte Nostradamus gleichzeitig mit seinem Almanach eine Reihe von Broschüren, in denen ausschließlich Vorhersagen enthalten waren. Ein solches Exemplar ist der Nachwelt erhalten geblieben und befindet sich heute in der Bibliothek Arbaud in Aix-en-Provence. Die von Jacques Kerver 1557 in Paris verlegte Ausgabe zeigt ein mit astrologischen Symbolen und den Tierkreiszeichen bebildertes Titelblatt. Im Frühjahr 1555 erschien bei Macée Bonhomme in Lyon die erste Auflage der noch unvollständigen „Großen Prophezeiungen". Zwei Jahre später gelangte bereits die vierte, etwa auf den doppelten Umfang erweiterte Auflage in den Handel. Doch erst 1558 war das Werk mit zehn Centurien von jeweils ungefähr 100 vierzeiligen Versen vollständig.

LES VRAYES CENTURIES

ET

PROPHETIES

DE MAISTRE

MICHEL NOSTRADAMUS.

Où se void repΓesenté tout ce qui s'est
passé, tant en France, Eſpagne, Italie,
Allemagne, Angleterre, qu' autres par-
ties du Monde.

*Reuhës & corrigées suivant les premieres Editions,
imprimées à Paris, Roüen, Lyon, Avignon,
Troyes, Hollande, & autres.*

Avec la Vie de l'Autheur.

*Et plusieurs de ces Centuries expliquées
par un Sçavant de ce temps.*

À ROUEN,

Chez **JEAN-B. BESONGNE**, ruë Ecuyere,
au Soleil Royal.

M. DC. XCI. *1.10*

Warum es nur 948 Verse gibt

Vollständig bedeutet jedoch nicht, dass wirklich 1000 Verse vorhanden sind. Tatsächlich fehlen die Verse 48 bis 99 aus der VII. Centurie. Nach dem Mitte der Achtzigerjahre entdeckten Zeitschlüssel handelt es sich bei ihnen um die Jahre 1749 bis 1799, also um jene geschichtliche Epoche, in welche die Französische Revolution fällt.

Michel de Notredame stand zunächst Heinrich II. und dann auch Karl IX. und seiner Mutter Katharina von Medici stets loyal gegenüber. Als Leibarzt und geheimer Berater des jungen Königs achtete er sehr darauf, dass in seinen Texten, die für Eingeweihte ja durchaus zu entschlüsseln waren, keine negativen Prophezeiungen für das Haus Valois und die folgenden Königsgeschlechter enthalten waren. Neuere Nostradamus-Forschungen erhärten die Hypothese, derzufolge Nostradamus seinem König unmöglich eine verschlüsselte Ausgabe seiner „großen Prophezeiungen" hätte übergeben können. Dies wäre als Affront gewertet worden und hätte vermutlich zum Bruch geführt. Demnach muss es mindestens eine unverschlüsselte Ausfertigung des Werkes im Besitz der Königsfamilie gegeben haben.

Nostradamus hätte niemals das Ende des Königtums in Frankreich, die Enthauptung Ludwigs XVI. und die Herrschaft des Pöbels unverschlüsselt hinterlassen können. Ergo ließ er die Verse einfach weg. Dennoch gibt es sie: Nostradamus versteckte sie in Prosaform in seinem berühmten Huldigungsbrief, den er 1558 an König Heinrich II. schickte.

Die Wahl der Verschlüsselungstechnik

Anfangs ging ich bei meinen Recherchen von der Hypothese aus, dass Nostradamus zur Verschlüsselung einen eigens von ihm entwickelten, komplizierten Code nutzte. Heute weiß ich, dass er sich einer Geheimschrift bediente, die sowohl den Templern als auch anderen großen Orden seiner Zeit bekannt war. Innerhalb dieser

Geheimschrift bildeten sich nach und nach sprachliche Eigenarten heraus, die auf verblüffende Weise der Art und Weise gleichen, wie man im heutigen Internet miteinander elektronisch „talkt". Sie gestatten es dem Insider, sofort zu erkennen, ob ein Neuling oder ob ein Profi die Tasten des Computers bedient.

In der Renaissance nutzte man in der Regel zwei Methoden der Verschlüsselung. Entweder das Geheimnis wurde auf mehrere Bücher verteilt, die in verschiedenen, weit voneinander entfernten Bibliotheken, meist in Klöstern, aufbewahrt wurden. Und tatsächlich besitzen die Klöster Prophezeiungswerke, die jenem des Nostradamus ähneln, allerdings nicht von ihm verfasst sind. Geschützt von einem seit Jahrhunderten gepflegten Sicherheitssystem, welches verlangt, dass genau darüber Buch geführt wird, wer, wann, wie lange, in welchem Buch, welche Passage liest, ist es für den normalen, nicht eingeweihten Bürger praktisch unmöglich, ein solches Manuskript „ganz" zu lesen. Oder aber der Text müsste, wenn er das Geheimnis zur Gänze enthielt, eine hundertprozentige Codierung erfahren.

Nostradamus bediente sich der zweiten Methode: Er hinterließ einen vollständigen, jedoch vollkommen unverständlichen Text. Immerhin ist dieser heutzutage jedermann zugänglich, denn die Verse sind inzwischen weltweit veröffentlicht worden.

Die Suche nach der zeitlichen Zuordnung

Während meiner Recherchen in Südfrankreich und in den Pyrenäen stieß ich auf Eingeweihte, die nichts sagten, und auf Unwissende, die viel zu erzählen hatten. Am Ende musste ich es aufgeben, auf diesem Wege etwas in Erfahrung zu bringen. Ich zog mich an meinen Computer zurück und beschränkte mich darauf, die authentischen Texte zu untersuchen. Als mir eines Tages die mathematische Schablone für die römische Zahl Zehn ins Auge stach, wusste ich, wie ich weiter verfahren musste.

Legis cantio contrà ineptos criticos.

Qui legent hosce versus, maturè censunto,
Profanum vulgus et inscium ne attrectato :
Omnesque Astrologi Blenni, Barbari procul sunto,
Qui aliter facit, is rite, sacer esto.

IV. CENTURIE, 100. VERS:
Die diese Verse lesen meinen dass sie reif dafür seien
Das einfache Volk und die Unwissenden sollen sich nicht damit befassen
Alle Astrologen Tölpel und Ungebildeten suchen an der falschen Stelle
Wer aber anders vorgeht wird in das Geheimnis eindringen

Diese Zeilen stellte Nostradamus als „Wort an die Kritiker" ausge-
rechnet an die Stelle innerhalb seiner fast 1000 Verse, die den Anfang des Texts für das erste Jahrtausend nach Veröffentlichung seiner „großen Prophezeiungen" markiert. Doch muss man, um dies
zu erkennen, vorher den Zugang zu seinem Werk und Zeitschlüssel gefunden haben. Erst dann fallen mit einem Mal alle Puzzletei-
le wie von selbst an den richtigen Platz. Seit Jahrhunderten fragen
sich Nostradamus-Forscher, welcher Vers sich auf welches Jahr bezieht. Schließlich kann nur derjenige, der die Antwort auf diese
Frage kennt, die Prophezeiung für jedes Jahr bis 3797 identifizieren und rückwirkend die Visionen ab 1555 überprüfen.

Die zeitliche Zuordnung der Nostradamus-Verse

Nachdem der Schlüssel zum Text erst einmal entdeckt war, wurde
sichtbar, dass Nostradamus keinesfalls nur einigen wenigen Herr-
schern in seinen Versen Platz eingeräumt hat. Ein solches Vorgehen
hätte ja außerdem seinem Konzept widersprochen, eine univer-
selle Prophezeiung bis zum Ende der Welt zu schaffen. In einem
Brief, den er an seinen Sohn César richtete und als Vorwort zu seinen Prophezeiungen veröffentlichte, teilt Nostradamus seinen Le-

sern unverschlüsselt mit, dass seine Visionen sich auf das Jahr 1555 bis 3797 beziehen. Da aber jedem Jahr ein Vers gewidmet ist, können zum Beispiel von Napoleon nur etwa 20 Verse handeln, da dieser nur etwa 20 Jahre, zwischen 1795 und 1814, maßgeblich war. Die systematische Entschlüsselung der betreffenden Zeilen bestätigt dies, denn im Jahre 1815 wird Napoleon ein letztes Mal im Zusammenhang mit dem Betrug an seinem alliierten Vertragspartner erwähnt. Die Historiker wissen, dass Napoleon sich in diesem Jahr weigerte, den Hafen von La Rochelle in Richtung Exil zu verlassen. Tatsächlich beziehen sich insgesamt sogar nur fünf von möglichen 20 Versen dieser Periode auf Napoleon.

Ähnlich verhält es sich bei Hitler. Hier fanden sich in den Versen, welche die Zeit zwischen 1930 bis 1944 behandeln, nur acht direkte oder indirekte Hinweise auf seine Peson. Einmal spricht Nostradamus von Hitler als vom „Magier mit der Rose der Hölle" (Hakenkreuz), ein anderes Mal bezeichnet er ihn als den „Cäsar des Selbstgeschreis".

Der Visionär aus Alon-de-Provence schildert in seinen Vorhersagen keine Situation ausführlich bis ins letzte Detail, sondern beleuchtet die jeweilige Lage schlaglichtartig. Für die Ermordung Kennedys benutzte er die Worte: „Drei seines eigenen Blutes werden die Scharfschützen sein." Bedeutet dies nicht, dass die Brüder John F. und Robert Kennedy Opfer einer Familienfehde wurden?

Wie immer, wenn eine Jahrtausendwende bevorsteht, nimmt die Zahl derer zu, die mit diesem Datum den Weltuntergang in Verbindung bringen wollen. Manche Autoren meinen dies auch aus den Versen des Nostradamus herauslesen zu können. Warum aber hätte Nostradamus sich die Mühe machen sollen, Prophezeiungen bis in das Jahr 3797 zu hinterlassen, wenn im Jahr 2000 alles „zu Ende" sein soll?

Die Verschlüsselungstechnik des Nostradamus

Wie Jahre und Verse zusammenpassen

Wie aber werden nun tatsächlich die einzelnen Verse mit den richtigen Jahren in Beziehung gesetzt? Wenn man das Geheimnis erst einmal kennt, dann ist es sehr einfach. Das Jahr 1555 wird in der V. Centurie, Vers 55 abgehandelt.

Können Sie das Verschlüsselungssystem bereits anhand dieses ersten Beispiels erkennen? Zur Verdeutlichung noch einige weitere Verknüpfungen:

6. CENTURIE, VERS 31 entspricht dem Jahr 1631
8. CENTURIE, VERS 25 entspricht dem Jahr 1825
9. CENTURIE, VERS 97 entspricht dem Jahr 1997
10. CENTURIE, VERS 10 entspricht dem Jahr 2010
1. CENTURIE, VERS 24 entspricht dem Jahr 2124
2. CENTURIE, VERS 73 entspricht dem Jahr 2273

Folglich steht die Nummer der I. bis X. Centurie für das Jahrhundert und die Nummern der Verse 1 bis 100 für das jeweilige Jahr in diesem Jahrhundert.

Die Gebrauchsanweisung aus den Begleittexten

Die Existenz zweier Briefe des Nostradamus an den Sohn César und an den König Heinrich II. wurde schon erwähnt. Obwohl diese bereits im Original schwer zu lesen und noch schwerer zu übersetzen sind, geben sie eine sehr klare Gebrauchsanweisung für die zeitliche Zuordnung der Verse. Man erhält diese, wenn man die lateinischen Floskeln in den beiden Briefen zusammenzieht und sie nach den Regeln des Nostradamus zur Anwendung bringt. Das detaillierte Verfahren wurde von mir bereits in einer anderen Publikation veröffentlicht, und eine erneute Beschreibung würde zudem den Rahmen des Buches sprengen.

Von größerem Interesse ist es, das von Nostradamus so genannte „Innere Wort" zu finden. Der Seher bediente sich einer X-förmigen Schablone, welche der römischen Ziffer für zehn entspricht. Man erhält das „Innere Wort", wenn man den Namen des Nostradamus beziehungsweise seine Buchstaben in der Reihenfolge der Ziffern 1–11 niederschreibt und anschließend die Buchstaben in der von der Schablone gewünschten Reihenfolge liest:

SCHREIBEN	GESCHRIEBEN	ABLESEN
1 2 3	N O S	1+2+3+9+10+11 = NOSMUS
5 4	R T	„Unsere Tausend gebrauchen"
6	A	5+2+4+6+7+10+8 = ROTADUA
8 7	A D	„Drehe zweimal"
9 10 11	M U S	

Mithin erhält man aus dem Brudernamen „Nostradamus" die Anweisungen, die Voraussetzung sind für die richtige Verknüpfung von Zeit und Text: „Unsere Tausend gebrauchen. Drehe zweimal". Wie aber ist diese kryptische Anweisung zu verstehen?

„Unsere Tausend gebrauchen" verweist den Leser auf das Jahrtausend, in dem Nostradamus gelebt hat, also auf die Jahre 1000 bis 1999. „Drehe zweimal" enthält die versteckte Anweisung, dieses Jahrtausend, in welchem Nostradamus lebte, wie auf einem Ziffernblatt zweimal zu drehen. Kombiniert mit den unverschlüsselten Angaben im Brief an seinen Sohn César, wonach die Prophezeiungen für den Zeitraum von 1555 bis 3797 gelten, bedeutet dies, dass man die Jahrtausende oder jeweils 1 000 Jahre wie auf einer Uhr angeordnet im Kreis zu drehen hat. Mithin steht die Uhr zum Zeitpunkt des Erscheinens der Prophezeiungen im Jahr 1555 auf zwölf Uhr. Von 1555 bis 2554 ist sie nach der Anweisung des Meisters einmal zu drehen und von 2555 bis 3554 ein zweites Mal.

Man sieht also, dass Michel de Notredame seinen Brudernamen Nostradamus schon vor 1550 im Hinblick auf die Möglichkeit sehr sorgfältig ausgewählt hat, ob er mit ihm noch weitreichendere Informationen, die über seine bloße Identität hinausgehen, transportieren kann.

Seit der Veröffentlichung der 948 Verse bis Anfang der Achtzigerjahre rätselte die Welt, mit welchen Worten der Prophet Ereignisse zum Beispiel des Jahres 2000 beschrieben hat. Die bisherige Methode der Zuordnung, die zum Teil auch noch in den neuesten Veröffentlichungen angewandt wird, machte es erforderlich, den Gesamttext im Hinblick darauf zu untersuchen, ob irgendwo etwas erwähnt wird, was sich eindeutig in Beziehung zu einem gegenwärtigen oder vergangenen Ereignis setzen lässt und von diesem Ausgangspunkt Rückschlüsse anzustellen.

Ob der große Seher wohl damit gerechnet hat, dass so viele Jahrhunderte vergehen würden, bis man hinter sein Geheimnis kommt? Tatsächlich schrieb Nostradamus in einer Anmerkung, quasi in eigener Sache, dass es 500 Jahre dauern würde, bis es möglich sei, mithilfe seiner Prophezeiungen sämtliche Verfälschungen der Geschichte rückwirkend zu korrigieren. Folglich ist noch ein langer Weg zu gehen, bis alle jene Geheimnisse des Nostradamus entschlüsselt sind, die er der Nachwelt in den Versen seiner Prophezeiungen hinterlassen hat.

Buchstaben und Wörter als Rohmaterial

Schritt für Schritt lässt sich zurückverfolgen, wie Nostradamus bei der Niederschrift seiner Visionen in Verstexten und bei ihrer Verschlüsselung vorgegangen ist. Nach der Rückkehr von seiner nächtlichen „Zeitreise" schrieb Nostradamus seine Vision zunächst nieder. Um die wichtigsten Ereignisse eines Jahres wiederzugeben, standen dem Seher lediglich vier Zeilen mit insgesamt etwa 144 Anschlägen zur Verfügung. Daher beschrieb er die wichtigsten Vorkommnisse eines jeden Jahres in knappen, charakteristischen und durchaus auch wertenden Worten. Den Originaltext trug er nicht in einem Buch ein, sondern notierte ihn in einer Art Buchrolle. Ihm stand etwas wie eine Tafel zur Verfügung, die sich aus einzelnen Pergamentblättern zusammensetzte und in zehn mal 100 Kästchen mit jeweils vier Zeilen unterteilt war. Insgesamt hatten auf dieser Tafel – in Anlehnung an die Offenbarung des Johannes – 144 000 Buchstaben Platz.

Um den Verlust von Textteilen zu verhindern oder einer möglichen Verfälschung vorzubeugen, schützte Nostradamus sein Werk als Ganzes. Er übertrug den ursprünglichen Prosatext in Verse. Dies macht es sehr schwer, den Verszeilen durch das Einfügen oder Weglassen einzelner Wörter einen anderen Sinn zu geben. Außerdem nummerierte er seine Verse und verhinderte damit, dass sie vertauscht werden können oder dass so einzelne Prophezeiungen willentlich dem falschen Jahr zugeordnet werden. Insbesondere in Krisenzeiten wäre Letzteres zu befürchten gewesen.

Nachdem er seine Arbeit zum Abschluss gebracht hatte, zerlegte Nostradamus die Buchrolle in zehn Streifen zu je 400 Zeilen. Je vier Zeilen erhielten eine fortlaufende Nummer von 1 bis 100. Seinen Verleger in Lyon hieß Nostradamus je zehn Verse auf eine Seite setzen. Auf diese Weise entstand aus der ursprünglichen Pergamentrolle ein richtiges Buch mit Seiten.

Um seinem Buch einen guten Start zu geben, setzte Nostradamus die Verse mit Vorhersagen, welche Menschen und Landschaft seiner Umgebung betrafen, an den Anfang. Denn nichts erregt die Gemüter mehr als vorhergesagte und eingetroffene Ereignisse. Allerdings sind die Abläufe, welche in den Versen der V. Centurie beschrieben werden, 400 Jahre später relativ uninteressant. Erst nachdem er sich mit den lokalen Vorhersagen beschäftigt hat, wendet er sich weiter entfernten Regionen zu, und auch dort werden die Menschen auf sein Werk aufmerksam.

Die Sprachbarriere

Das Französisch des 16. Jahrhunderts ist nicht die Sprache der Franzosen des 20. Jahrhunderts, und es stellt sich die Frage, ob die Menschen im Jahre 1996 einen Text, der im Stil des Jahres 1555 niedergeschrieben wurde, überhaupt noch verstehen können?

Die Antwort heißt nein. Genau genommen haben es die Franzosen beim Verständnis der Nostradamus-Texte nicht leichter als Deutsche, Engländer, Italiener oder Spanier. Auch sie stöhnen über das kaum verständliche Kauderwelsch des Originaltextes und sind gezwungen, die Prophezeiungen regelrecht neu zu übersetzen.

Am besten versucht man, sich das Problem anhand eines Beispiels vorzustellen. In der Regel gebraucht ein Mensch, egal welcher Nationalität, im Alltag einen Wortschatz von vielleicht 5000 Wörtern. Experten haben ermittelt, dass bereits 800 Wörter die Kommunikation sicherstellen würden. Mithin wird der überwiegende Teil des Sprachwortschatzes nur von einer kleinen Minderheit genutzt. Außerdem verschwinden im Laufe der Zeit bestimmte Ausdrücke aus der Sprache, neue kommen hinzu oder bereits vorhandene durchlaufen einen Veränderungsprozess. Zum Beispiel lässt sich aus dem früheren „Fruv" ohne weiteres das Wort Frau herauslesen. Verliert das Wort Fruv seinen letzten Buchstaben, dann erkennen wir in Fru noch immer den Begriff Frau. Verliert es jedoch auch das „u" und wird also zu Fr, dann ist die ursprüngliche Bedeutung nicht mehr zu erkennen. Offenbar wusste Nostradamus durch seine Beschäftigung mit antiken Sprachen, dass derartige Veränderungen für eine lebende Sprache normal sind. Da ihm außerdem für jeden Vers ja nur begrenzter Raum zur Verfügung stand und er jeden Vers auf durchschnittlich 144 Anschläge beschränken musste, entschied er sich dafür, in den meisten Fällen die Wortendungen wegzulassen und sich auf den Wortstamm zu beschränken. Mitunter griff er auch auf Kürzel zurück. Zur Illustration ein Beispiel: Die Fr, die der Mann heiratete, bek 6 Kinder. Mit wenig Mühe lässt sich der Inhalt des Satzes wie folgt rekonstruieren: Die Frau, die der Mann heiratete, bekam sechs Kinder.

Nostradamus verfasste seine Verse also in erster Linie in Wortstämmen. Er nahm auf Grammatik und Rechtschreibung keine Rücksicht, sondern war einzig und allein bestrebt, die spätere Rekonstruktion möglicherweise verfälschter Textteile zu erleichtern. Wiederkehrende Begriffe kürzte Nostradamus ab. Zum Beispiel steht „der große C" im Zusammenhang mit Napoleon und ist somit als „der große Cäsar" zu ergänzen.

Und schließlich bediente sich Nostradamus, um den Sinn zu verändern, noch der Technik des Buchstabentauschs. Ein „b" oder ein „p" entschied darüber, ob das Wort „bord" (Ufer, Rand) heißen sollte oder ob damit „port" (der Hafen) gemeint war. Vertauscht wurden außerdem die Buchstaben „d" und „t", „g" und „c" oder „u" und „v".

Die Sprache des Nostradamus

Michel de Notredame blieb, obgleich er die Möglichkeit besaß, andere Zeiten und Sitten kennen zu lernen, ein Kind seiner Epoche und Umgebung. Wer in den Begleittexten zu den „großen Prophezeiungen" die versteckten Anmerkungen zu lesen versteht, der stößt auf sehr persönliche Bezeugungen von Überraschung wie „Ha!" oder „Haia!", von Stolz wie „Du Löwe!", „Smaragd" oder „Juwel!" und von Tadel wie „Bettler mit hohler Hand", „welch leerer Topf", „Tölpel" oder „Narr". Für Situationen, in denen sich etwas zum Schlechten wandelt, gebraucht Nostradamus Bilder seiner Zeit, in denen etwas zu Bruch geht. So beschreibt er beispielsweise die Situation nach dem Zweiten Weltkrieg mit dem Wort „Scherbenhonig", also mittels eines mit Honig gefüllten Tonkrugs, der jedoch zerbrochen und dessen Inhalt mithin ungenießbar ist. Wie treffend dieses Bild ist, zeigt der weitere Verlauf der deutschen Geschichte: Nach einigen bitteren Jahren des „Scherbenhonigs" sprach man schon bald vom Wirtschaftswunder. Auch wenn es viele Deutsche heute nicht mehr so sehen, der weitere Verlauf einer „honigsüßen Geschichte" hat bis in unsere Tage angehalten.

In den von Nostradamus hinterlassenen Versen gibt es sogar solche, in denen er regelrecht flucht. So tut er seinem Widerwillen keinen Zwang an, als er das Vorhaben beschreibt, mittels welchem um das Jahr 2350 ein Tier dem Menschen ähnlich gemacht werden soll, um es als Dienstboten zu missbrauchen. Diesen Eingriff in die Ordnung der Schöpfung verdammt er ausdrücklich, zumal als Folge die Schaffung eines Paradieses auf Erden bis zum Untergang dieses Planeten verhindert wird. Dieses von Menschen geschaffene Zwittergeschöpf, von dem auch in der Offenbarung des Johannes die Rede ist, wird die menschliche Lebensform auszurotten versuchen, wo immer es nur kann.

An einer anderen Stelle, bezeichnet Nostradamus die Situation im heutigen Palästina als „dolchige Sprache", womit er offenbar Hinterlist meint und solche Bilder verkürzt beschreibt, in denen hinter dem Rücken der Dolch gezogen wird oder einem anderen der Dolch in den Rücken gestoßen wird. Man braucht wenig Fantasie, um die richtige Deutung für den „zerbrochenen Dolch" zu finden. Ohne Zweifel ist hiermit die Zerschlagung einer Bewegung oder ihre Entwaffnung gemeint.

Die Fluchtbewegungen während und nach dem Zweiten Weltkrieg bezeichnet er als „Völkerwanderungen überall".

84.

Roy exposé parfaira l'hecatombe,
Apres auoir trouué son origine,
Torrent ouurir de marbre et plomb la tombe,
D'vn grand Romain d'enseigne Medusine.

Für Napoleons Flucht von Elba hatte er einen merkwürdigen Spruch hinterlassen, den man im Nachhinein sehr gut verstehen kann: „Kehre nicht zu den toten Freunden zurück. Deine Fahne wird ein rotes Sargtuch sein."

Das Öl im Nahen Osten bezeichnet er für das Jahr 1925 als „Geschwür", welches die Macht haben wird, und die Bohrplattformen

in den Weltmeeren einige Jahrzehnte später als „Inseln des Öls".
Die Kernspaltung nennt er den „Bruch der weißen Steine" und die
Kettenreaktionen in der Kernspaltung das „große Theater der Steine". Folgerichtig stößt der Leser seiner Verse im Zusammenhang
mit der Tschernobyl-Katastrophe auf die Beschreibung: „Das
große Theater fällt in Schutt und Asche".

Durch die Art und Weise wie Nostradamus den Alltag in Jahrhunderten beschreibt, die ja für ihn in einer dunklen Zukunft liegt,
fühlt man sich als Leser dazu aufgefordert, in den Verstexten nach
weiteren dieser für ihn typischen und so fremd klingenden For-
mulierungen zu suchen. Es ist außerordentlich verblüffend, dass
Nostradamus die Zukunft, die er aus eigener Anschauung ja nicht
kennen kann, dennoch so treffend in Worte zu fassen vermag.

Als ich 1983 mit der Übertragung der Nostradamus-Verse in eine für uns verständliche, moderne Sprache begann, stieß ich im
Laufe meiner Arbeit auf eine Textstelle, die mich derartig über-
raschte, dass ich erst einmal den Computer ausschalten und meine Familie herbeirufen musste. Ich hatte mir den Kopf darüber
zerbrochen, was Nostradamus mit dem Satz „Farbige Tempel in
den Hütten der Menschen" meinen könnte, bis mir schlagartig
klar wurde, dass er mit diesen Worten den Farbfernseher beschrieb.
Wenn ich heute zurückblicke, dann stelle ich fest, dass dieser Augenblick des Erkennens eines der großen Schlüsselerlebnisse im
Umgang mit den Texten des Nostradamus für mich war.

Natürlich hatte Nostradamus seine Visionen auf der Basis des
Wissens und der Bildung niedergeschrieben, die ein Mensch im
16. Jahrhundert erwerben konnte. Seine Beschreibungen entspre-
chen nicht dem Wissensstand der Zeit, die er in seinen Visionen
besucht hat, sondern jener, in der er selbst lebte und dachte. Dies
bedeutet, dass die Verse nicht nur aus dem Französischen ins Deutsche übersetzt werden müssen, sondern auch einer Übertragung
in eine für den heutigen Menschen verständliche Sprache bedürfen. Selbst wenn die richtige zeitliche Zuordnung erst einmal erfolgt ist, die neuerliche sprachliche Anpassung an die Bedürfnisse
der Zeit wird immer wieder erfolgreich sein.

In dem Brief an César, welchen Nostradamus seinen „großen Prophezeiungen" als Vorwort voranstellt, schreibt er unverschlüsselt, dass man seine dunklen Worte erst dann richtig verstehen wird, wenn das Ereignis eingetreten ist. Dies bedeutet jedoch keinesfalls, dass es dem Leser unmöglich ist, diese Geschehnisse schon im Voraus zu identifizieren. Lediglich die Details der Abläufe werden ihm erst im Nachhinein zugänglich. Im Zusammenhang mit den Versen für das 21. Jahrhundert wird dies mehrfach zu sehen sein.

Jener Satz, „Farbige Tempel in den Hütten der Menschen", der so großen Eindruck auf mich gemacht hatte, war, im Nachhinein betrachtet, leicht zu entschlüsseln. Dass die Menschen in Hütten leben, lässt den Schluss zu, dass es sich um das einfache Volk, um die Masse handeln muss. Hätte er zum Beispiel Adelige oder eine andere Elite gemeint, dann hätte er ihre Behausungen als Schlösser oder Paläste bezeichnet und nicht als Hütten. Gemeint sind also normale Durchschnittsbürger in ihren Häusern und Wohnungen. So weit war die Übertragung recht einfach. Doch was kann Nostradamus mit „farbigen Tempeln" meinen?

Offenbar hat er in seiner Vision Menschen in ihren Häusern gesehen, die ein farbiges Bild auf eine Weise anstarren, als würden sie vor einer Madonna oder einem anderen Heiligenbild beten. In der Welt des Nostradamus gab es natürlich einen Herrgottswinkel oder ein Kruzifix irgendwo an der Wand, aber die Menschen, die er „sah", blickten nicht auf eine Devotionalie, sondern auf einen Kasten oder eine Art Stein, auf dem sich ein farbiges Bild abzeichnete. Allerdings verhielten sich die Menschen vor diesem Bild so ehrfurchtsvoll wie beim Anblick einer Kirche oder eines Altarbildes.

Ich konnte nur davon ausgehen, dass diese Vision Nostradamus zu der Vermutung veranlasste, dass alle Menschen zu dieser Zeit etwas in ihren Hütten haben, vor dem sie sich so verhalten, als ob sie sich in einer Kirche oder vor einem Altar befänden. Da es sich bei dem angebeteten Gegenstand aber offensichtlich weder um das eine noch das andere handelt, scheinen diese Menschen der Zukunft für Nostradamus einem ihm unbekannten Glauben anzuhängen. Er löste das Problem für sich, indem er den Gegenstand zwar nicht als Kirche bezeichnete, denn eine solche stellte er ja offensichtlich nicht dar, aber, da es sich eventuell ja doch um einen anderen, ihm nicht bekannten Glauben handeln konnte, wenigstens als Tempel. Mithin musste es sich aus heutiger Sicht einfach um einen Farbfernseher handeln. Diese Vermutung drängte sich förmlich auf.

Gerade technische Beispiele bringen den Leser immer wieder zum Schmunzeln und erwecken zugleich Achtung in ihm vor der bildgewaltigen Sprache des Nostradamus. In den Versen, welche die Zwanzigerjahre unseres Jahrhunderts beschreiben, erwähnt Nostradamus das Radio. Diesmal beschreibt er das Gerät indirekt mit dem Satz: „Es erwacht das Spiel der Töne." Ich schließe daraus, dass ihn nicht sosehr die „Kiste" beeindruckt hat, als vielmehr das Durcheinander von Tönen im Äther.

Und schließlich, um ein abschließendes Beispiel für die Sprache des Nostradamus anzubieten, in den Versen, welche sich auf die Zeit des letzten Golfkriegs beziehen, nennt der Seher „brennende höllische Lampenschalen". Gemeint hat er damit die brennenden Ölquellen in Kuwait, die von abziehenden irakischen Soldaten angezündet worden waren. Das Bild ist ausgesprochen zutreffend, denn die Öllämpchen, welche man häufig in der Antike und darüber hinaus bis weit in die Neuzeit hinein benutzte, erzeugten ihr weniges Licht unter enormer Rußentwicklung.

Der Sinn mancher Nostradamus-Worte

Nostradamus stellte der noch unvollständigen Erstausgabe seiner 1555 erschienen „großen Prophezeiungen" einen an seinen Sohn César gerichteten Brief als Vorwort voran. Zu diesem Zeitpunkt war César zwei Jahre alt. Als Nostradamus starb, galt der 13-Jährige schon fast als erwachsen. Warum wurde dieser Brief auch weiterhin als Bestandteil der „großen Prophezeiungen" abgedruckt?

Die meisten Nostradamus-Forscher glauben auch heute noch, dass dieser Brief tatsächlich an César gerichtet ist. Und dies, obwohl im Text selbst einige Ungereimtheiten auffallen, die zeigen, dass da etwas nicht stimmen kann. Die folgenden Auszüge machen dies deutlich:

„Deine späte Ankunft César Notredame, mein Sohn, hat mich veranlasst, lange Zeit die Nächte schreibend durchzuwachen, um dir diese Schrift zu hinterlassen ... Und da es dem unsterblichen Gott gefallen hat, dass du nicht in das natürliche Licht in dieser Region geboren wurdest ... wirst du in einem beschränkten Verständnis unfähig sein zu verstehen, was ich dir nach meinem Tod übergeben muss, da es mir nicht möglich ist, dir schriftlich etwas zu hinterlassen, was in dieser ungerechten Zeit zerstört werden würde. Denn das Wort der *geheimen Prophezeiung*, die du erben wirst, wird in meinem Herzen verschlossen sein." Und weiter: „Denn, wenn du das natürliche Alter des Menschen erreichst, wirst du in deiner Heimat, unter dem du selbst geboren bist, die vorausgesagten künftigen Ereignisse schauen."

César de Notredame wurde in Salon-de-Provence im Hause seines Vaters geboren und nicht in einer fernen Region. Zum Zeitpunkt seiner Geburt, 1553, war noch nicht einmal der erste Teil der „großen Prophezeiungen" veröffentlicht, und als das Buch dann erschien, war César zwei bis drei Jahre alt. Wie kann sich ein Vater in solchen Dingen irren? Und was soll der merkwürdige Hinweis auf eine ferne Provinz?

„Zum Abschluss, mein Sohn, nimm also dieses Geschenk von deinem Vater Michel Nostradamus entgegen, der hofft, dass du jede einzelne der in diesen Vierzeilern enthaltenen Prophezeiungen weitergeben wirst."

Auf den ersten Blick mag dieser Wunsch des Vaters ganz natürlich erscheinen. Aber können sich die politischen und sozialen Verhältnisse eine Generation später wirklich so grundlegend geändert haben, dass der Sohn César die Prophezeiungen nun offen verbreiten kann? Übrigens hat César den Wunsch seines Vaters nicht erfüllt. Warum wohl? Mit Sicherheit war ihm klar, dass er in dem Brief nicht gemeint war. Diese merkwürdigen Formulieren verleihen den folgenden Schlussfolgerungen Wahrscheinlichkeit:

PREFACE

DE

M. MICHEL NOSTRADAMUS

A SES PROPHETIES.

Ad Cæfarem Noſtradamum filium
Vie et félicité.

ON tard advenement, Cefar Noſtradame mon
fils, m'a faiĉt mettre mon long temps par conti-
nuelles vigilations noĉturnes referer par efcript
toy delaiſſer memoire, apres la corporelle ex-
tinĉtion de ton progeniteur, au commun profit des humains,
de ce que la divine eſſence par Aſtronomiques revolutions
m'ont donné cognoiſſance. Et depuis qu'il a pleu au Dieu
immortel que tu ne fois venu en naturelle lumiere dans
ceſte terreine plaige, et ne veux dire tes ans qui ne font
encores accompaigneʒ, mais tes mois Martiaux incapables
à recevoir dans ton debile entendement ce que ie feray
contraint apres mes iours definer : veu qu'il n'eſt poſſible
te laiſſer par efcrit, ce que feroit par l'iniure du temps
obliteré : car la parole hereditaire de l'occulte prediĉtion
fera dans mon eſtomach intercluſe : confiderant auſſi les
adventures definiment eſtre incertaines ; et que le tout eſt
regy et gouverné par la puiſſance de Dieu ineſtimable, nous

Titel des Vorworts an den ältesten Sohn von Nostradamus

~ Der Brief beziehungsweise das Wort der „großen Prophezeiungen" ist nicht an den leiblichen Sohn César gerichtet, sondern an einen geistigen Sohn, der in der Zukunft lebt.

~ Nostradamus ist mit diesem geistigen Sohn nicht ganz einverstanden, weil er aus seiner Sicht nur einen beschränkten Verstand und keine ausreichende Ausbildung besitzt.

~ Es scheint so, als ob sich Nostradamus verzweifelt, aber schließlich trotzdem dem unerklärlichen Ratschluss Gottes beugt.

Vom Umgang mit Vorauswissen

In einem Lebensabschnitt, in dem es einem Menschen gut geht, kümmert er sich wenig oder gar nicht um seine Zukunft. Erst wenn das Leben ihn in eine Phase führt, die Unangenehmes bereithält, und wenn nicht abzusehen ist, wie lange das Übel anhalten wird, erst dann wird der Blick in die Zukunft gerichtet. Man wüsste gerne, von welcher Dauer die Zeitspanne ist, die man noch durchhalten muss und ob einen in der Folge bessere Lebensumstände erwarten. Dies ist die Atmosphäre, in der Personen, die in die Zukunft blicken können, gefragt sind.

Hellsehen in der Öffentlichkeit

Jeder Mensch muss für sich allein entscheiden, wie er zu Wahrsagerei, Hellsehen und Prophetie steht. Allgemein jedoch gilt, dass der moderne Mensch jede Art von Vorauswissen ablehnt. Der hohe Anspruch an Wissenschaftlichkeit und die in der Regel materielle Einstellung zum Leben lassen solche Vorstellungen kaum zu. Bekennt man sich dennoch zu seinem Glauben an Präkognition, dann kann es sein, dass man damit sein berufliches Vorankommen gefährdet. Wer riskiert schon gerne einen attraktiven Arbeitsplatz? Mithin empfiehlt es sich, das Thema Vorauswissen möglichst nicht in der Öffentlichkeit anzusprechen.

Es gibt meines Wissens keine Statistik darüber, wie häufig der Durchschnittsbürger zum Hellseher geht. Doch berichten jene, die zum Blick in die Zukunft befähigt sind, von einem großen Interesse an ihrer Gabe. Oberstes Gebot ist und bleibt jedoch die Diskretion.

Dennoch gibt es auch in unserer westlichen Gesellschaft Formen der Voraussage, die legal sind und zu denen man sich, auch unter wissenschaftlichen Gesichtspunkten und ohne in der Öffentlichkeit Schaden zu nehmen, bekennen kann.

Voraussehen in der Wirtschaft

Experten erarbeiten Wirtschaftsprognosen anhand statistischen Materials. Diejenigen, die sie bekannt geben, werden von der Presse als „die fünf Weisen" bezeichnet. In Wirtschaftskreisen werden diese Voraussagen sehr ernst genommen, sie haben sogar Auswirkungen auf das Geschehen an der Börse. Irren sich die Ökonomieexperten, dann wird in der Regel großzügig darüber hinweggesehen.

In der Wertigkeit eine Stufe unter den Prognosen der „fünf Weisen" stehen Trendvorhersagen und -meldungen. Mit ihrer Hilfe soll das Verhalten der Konsumenten kalkulierbar werden. Wie werden sich die Käufer in der nächsten Saison verhalten?

Ein ganzer Zweig von Dienstleistungsanbietern lebt von der Weitergabe solcher Informationen. Jedem Unternehmer, Manager und zum Einkauf befugten Abteilungsleiter eines Warenhauses kommen solche Prognosen für die erfolgreiche Ausübung seines Berufs gelegen. Sie helfen ihm, verantwortungsbewusst Entscheidungen zu treffen. Die Verkaufszahlen der letzten Perioden in Verbindung mit den Erfahrungen und mit der persönlichen Einschätzung des Einkäufers bilden die Grundlage für seinen Blick auf die bevorstehende Saison. Sein Ziel ist es, seine Waren so schnell wie möglich zu verkaufen. Je deutlicher er in die Zukunft zu blicken vermag, desto geringer ist sein Risiko.

Ein Bäcker zum Beispiel weiß, dass er am nächsten Morgen um sieben Uhr Brötchen verkaufen kann. Er weiß jedoch nicht, welche Stückzahl er backen soll. Dieses Problem hat die Branche weitgehend durch Logistik gelöst. Da niemand weiß, wie viele Kunden am nächsten Vormittag Brötchen kaufen werden, backt man nicht alle Brötchen auf einmal, sondern stellt den Backofen in den Laden und schiebt immer dann ein Blech mit Brötchen ein, wenn abzusehen ist, dass sie auch verkauft werden können.

Dem Einkäufer eines Modehauses oder einer Boutique stellt sich das Problem des Vorauswissens ebenfalls. Für ihn hat es sich gelöst, weil ihm die „Modemacher" verbindlich sagen, welcher Art die „Mode" der nächsten Saison sein wird. Solange wie sich alle beteiligten Personen an diese Spielregeln halten, funktioniert dieses Marktsegment problemlos.

Der Unternehmer, der ein neues Produkt auf den Markt bringen will, hat selten Mitbewerber, mit denen er sich absprechen kann. Er kann auf die Erfahrungen zurückgreifen, welche Produkte seine Kunden ihm bisher abgekauft haben. Doch darüber hinaus ist er auf die Informationen angewiesen, die ihm seine Kunden, seine Verkäufer und die Marktforschung liefern. Die Schlussfolgerungen muss er selbst ziehen, und die Verantwortung für die Zukunft seines Unternehmens liegt allein in seinen Händen.

Im alten Griechenland wurde kein Kriegszug begonnen, ohne zuvor die Pythia im Heiligtum des Apollon in Delphi zu befragen.

Entscheidungshilfe in der Politik?

Es ist kaum 200 Jahre her, da gab es noch eine enge Verknüpfung von Politik und dem Blick in die Zukunft. Heute ist dieses Mittel überflüssig geworden, denn dem Politiker stehen andere Instrumente der Entscheidungsfindung zur Verfügung. Er bedient sich für die Innenpolitik verschiedener Institute, welche in seinem Auftrag die Meinung des Volkes ermitteln. Die Informationen über die Stimmung im Land helfen dem Politiker oder der Partei beim Treffen von Entscheidungen. Nicht anders verhält es sich in der Außenpolitik, wo als Mittel, um die eigenen Ziele zu erreichen, Wissen offen durch Beobachtung oder heimlich durch Spionage beziehungsweise Satelliten erworben wird.

Hellseher und Propheten sind heute in der Tagespolitik out. Sie werden jedoch beispielsweise von den USA dafür genutzt, um Denkanstöße für langfristige Modelle zu liefern. Einer entsprechenden Zeitungsmeldung ist zu entnehmen, dass die Vereinigten Staaten 890 PSI-Befähigte mit diversen Aufgaben betrauen und dafür jährlich 80 Millionen Dollar ausgeben.

Was macht Vorauswissen so interessant?

Der Wunsch danach, einer unangenehmen Lebenslage zu entkommen oder sich besonders günstige Umstände zu sichern, ist im Allgemeinen das vorrangige Motiv des Menschen dafür, sich des Vorauswissens zu bedienen. Manchmal geht es auch nur darum, die eigene Neugier zu befriedigen. Doch in der Regel steht die Sehnsucht nach einer besseren Zukunft und nach richtigen Entscheidungen im Vordergrund.

Wenn man ehrlich ist, dann sind es doch vor allem Fragen wie die folgenden, die man gerne mit absoluter Gewissheit würde beantworten können: Wird es mir gelingen, meinen Partner an mich zu binden? Werde ich tatsächlich den geplanten Vorteil aus dem Kauf des Hauses ziehen können? Wird sich die derzeit unsichere Geschäftslage in der Zukunft stabilisieren? Wird es mir möglich sein, den erworbenen Reichtum möglichst viele Jahre zu genießen?

Die Sehnsucht nach einer Antwort auf solche Fragen mag vielleicht eine Erklärung dafür sein, warum weltweit so viele Menschen zu Hellsehern gehen. Ob in Amerika, Asien oder in Europa, überall, wo Menschen etwas zu verlieren haben, ist die Zahl der Hellseher entsprechend groß. Dabei reicht jedoch das Interesse an der Zukunft nur kaum 30 Jahre weit.

Weitere Motive, um sich des Vorauswissens zu bedienen, sind:
~ der Wunsch, das Risiko einer falschen Entscheidung gegen Null zu minimieren, gleichgültig ob es sich dabei um eine persönliche Situation oder um im beruflichen Zusammenhang übernommene Verantwortung handelt;

~ die Notwendigkeit, Vorteile für den Erhalt der eigenen Macht herauszuschlagen, weil man sich ohne die Unterstützung von außen zu schwach fühlt. Dies war nicht nur im Mittelalter für Könige und andere Herrscher ein häufiges Motiv, um sich Astrologen und Hellseher zu verpflichten.

Wenn man Menschen begegnet, die fähig sind, in die Zukunft zu blicken, dann fordert man sie in der Regel dazu auf, ihre Begabung unter Beweis zu stellen. Meist werden sie dieser Aufforderung nachkommen, indem sie Einzelheiten aus dem Leben des Fragenden und seiner Familie nennen.

Bei Nostradamus verhält es sich anders. Er war nicht an Einzelschicksalen interessiert, sondern ihm ging es allgemein um die Geschichte der Menschheit und im Besonderen um jene der Christenheit bis zu jenem Zeitpunkt, an dem die Erde untergehen würde. Er zeigt den Menschen jeder Epoche, welche Richtung eine politische Entwicklung nehmen wird oder welche Tendenz in einer gesellschaftlichen Veränderung liegt. Die Voraussetzung ist natürlich das Wissen um die genaue zeitliche Zuordnung der Verse.

Der Prophet Nostradamus wollte in seinen Texten jedoch nicht die Schicksalsschläge beschreiben, welche die Menschheit zu erleiden hat, sondern jene, welchen sie ausweichen sollte, indem sie bestimmte Regionen, einen Staat oder eines Tages vielleicht den Planeten verlässt. Ja, Sie haben richtig gelesen, denn die Prophezeiungen des Nostradamus reichen bis zum Jahr 3797, und wer weiß schon, wozu die Menschheit dann in der Lage sein wird? Der Zeitabschnitt, der in diesem Buch lesbar gemacht werden soll, umfasst allerdings nur die nächsten 100 Jahre.

Rückblick auf das 20. Jahrhundert

Das Jahrhundert der Glaubenskriege

Im Rückblick auf das 20. Jahrhundert erkennen wir nicht unbedingt auf den ersten Blick, dass es ein Jahrhundert der Glaubenskriege gewesen ist. Hätte Nostradamus nicht darauf hingewiesen, dass ab 1910 für die folgenden 100 Jahre vier große Glaubenskriege stattfinden werden, hätte ich vom 20. Jahrhundert als dem Jahrhundert der Elektrizität, der Technik, des Autos, der Flugzeuge oder der Weltraumfahrt gesprochen. Für uns, die wir die Annehmlichkeiten des Fortschritts erleben, ist dies kaum zu verstehen, aber das letzte Jahrhundert ist in den Augen des Sehers Nostradamus allenfalls ein primitiver Beginn des künftigen Wohllebens.

Warum ist aus der Sicht des Sehers Nostradamus das Jahrhundert von 1900 bis 1999 ein Jahrhundert der Glaubenskriege gewesen? Es gab ungewöhnlich viele Konflikte, hervorgerufen aus Glaubens- und Überzeugungsgründen.

Mit den Augen des Nostradamus gesehen ist die Orthodoxe Kirche, als Folge des Ersten Weltkriegs, vom Kommunismus „besiegt" worden. In Österreich und in Deutschland wurde der Einfluss der katholischen Kirche auf den Staatsapparat durch die Demokratisierungsbewegungen mit dem Sturz der Monarchien gebrochen.

Im Zweiten Weltkrieg, so sah es offenbar Nostradamus, führten die Deutschen einen Krieg gegen die Jüdische Religion, die Baptisten der USA und Australiens einen Krieg gegen die Religionen des Fernen Ostens, vor allem gegen den japanischen Staat.

Frankreichs Indochinakrieg, der später von den USA als Vietnamkrieg weitergeführt wurde, sah Nostradamus als die Expedition eines katholischen Kreuzzugheeres gegen Andersgläubige.

Der dritte Krieg innerhalb von hundert Jahren dürfte wohl die fortwährende Auseinandersetzung zwischen dem Mitte der 40er-Jahre ausgerufenen Staat Israel und den islamischen Nachbarstaaten vor allem gegen die Palästinenser sein.

Der vierte Glaubenskrieg steht uns noch bis 2011 bevor. Darüber handelt das nächste Kapitel.

Nostradamus' Visionen für das 20. Jahrhundert

1986 veröffentlichte ich erstmals die lückenlose Kette der Ereignisse, wie sie aus den hundert Vierzeilern der neunten Centurie – für die Zeit 1900 bis 1999 – bei Nostradamus zu finden sind. Damals diente diese Veröffentlichung mehr der Überprüfung, ob meine Entdeckung der Zeit- und Textordnung richtig war. Es würde den Rahmen dieses Buches sprengen, alle hundert Vierzeiler wiederzugeben. Daher finden Sie nur besonders beeindruckende Texte, die für das 20. Jahrhundert von Nostradamus niedergeschrieben wurden.

1901 Russisch-japanischer Krieg

(Einäugiges) schielen (zur) rotgelben Bühne.
Kahl wird sie werden im (weiteren) Verlauf.
Welch' Wechsel zum Neuen läutet zum Tisch.

Zu Anfang des 20. Jahrhundert gab es tatsächlich eine rotgelbe Bühne im Fernen Osten. Der russisch-japanische Krieg bahnte sich an. Als der Konflikt eskalierte, besiegten die Japaner die Flotte des russischen Zaren am 10. August 1904. Mit dem Wechsel ist der Sturz der europäischen Monarchien und Fürstentümer wie Russlands, Österreichs und Deutschlands gemeint.

1902 Sturz der europäischen Monarchien

Wegen des Blutes der Roten sie sammeln sich zum Totschlagen.
Der Ausgleich ist bedeutsam – verschleudert. Geborene werden gestiefelt.

Der erste Hinweis, dass sich Unruhen, Aufstände, Mordpläne gegen die etablierten Kreise vorbereiten. Gefolgt von einer für Nostradamus typischen bildhaften Beschreibung: „Geborene werden gestiefelt". Nostradamus deutet die um 1900 Geborenen als eine Generation, die in den Krieg ziehen muss. Tatsächlich musste die Generation, die um diese Zeit geboren wurde, zum Teil zweimal in den Krieg ziehen!

1904 Warnung vor dem Bau der Titanic

Das große Schiff zu Wasser – aus Begeisterung
man ignoriert vorausgehende Befürchtungen

Diese Passage wurde von mir ausgewählt, weil es die Ankündigung der Titanic-Katastrophe vom 15.4.1912 beschreibt. Warum schon so früh? Zu dieser Zeit müssen die Baupläne oder die Gespräche zur Finanzierung dieses Schiffstyps zum Abschluss gekommen sein. Anscheinend gab es innerhalb der Reederei oder der Werft Ingenieure, die Probleme voraussahen.

1904 Die Entdeckungen Albert Einsteins

Im folgenden Jahr, bevor man entdeckt das Geheimnis eines Teils des Lichts.
Zwei Herren erheben sich. Der Erste wird sich nicht halten.

„Im folgenden Jahr" meint das Jahr 1905, „entdeckt man das Geheimnis eines Teils des Lichts". In einem von Albert Einstein handgeschriebenen Lebenslauf von 1919 erwähnt er für 1905 Folgendes: 1905: Spezielle Relativitätstheorie. Trägheit der Energie. Quantengesetz der Emission und Absorption des Lichts.

1906 Nobelpreis

Durch die Sprache der Gelehrten werden ausgezeichnet grobe Schnitzer in der
Natur, wenn sie sich den Namen gegeben haben, nach dem Barbaren des Westens.

Alfred Nobel, der Erfinder eines der wichtigsten Werkzeuge der Kriegführung, des Dynamits (zumindest im Ersten Weltkrieg), ist hier gemeint. Aus der Sicht von Nostradamus ist ein Krieg immer etwas Barbarisches, gleichgültig ob der Betreffende kämpft oder „nur" als Waffenschmied tätig ist!

1909 Nochmals Albert Einstein

Wenn die Lampen vom nicht löschbaren Feuer brennen,
wird das Loch im Fell der Zeit gefunden. Am 5. Dezember ist es geschehen.

Betrachten Sie bitte diesen Text aus der Sicht eines Menschen, der vor 400 Jahren gelebt und der elektrische Glühlampen nie gesehen hat, sie aber beschreiben muss.

Für alle Einstein-Fans noch ein Tipp zur folgenden Zeile der Prophezeiung: „wird das Loch im Fell der Zeit gefunden". Hier könnte eine Möglichkeit beschrieben sein, wie man mathematisch, innerhalb der Relativitätstheorie, die Aufhebung der Zeit definieren kann. Denn ein Loch ist grundsätzlich etwas, in dem sich nichts befindet, was ansonsten rundherum ist. Ein Loch in der Zeit müsste demzufolge bedeuten: ringsherum ist Zeit, im Loch aber herrscht Zeitlosigkeit! Vielleicht wird nur auf die Schwarzen Löcher angespielt?

1910 Ankündigung des Ersten Weltkriegs

Übel ist meine Nase davon, bevor sie dem Tode ausgesetzt.
Sterbend nicht Rötend wird die VI lachend erscheinen.
Durch den außer sich geratenen Glauben wird das Heerlager errichtet.
Gegen vier Sühneopfer. Skelette schicken sich an Quartier zu machen.

Das während des Ersten Weltkrieges verwendete Chlorgas verätzte die Atmungsorgane der Menschen. „Sterbend nicht Rötend wird die VI lachend erscheinen" – dies könnte einen Tod ohne Blutverlust meinen. Der Hinweis auf die VI bedeutet 1916, denn wir befinden uns in der Dekade von 1910 bis 1919. Gegen vier, bedeutet das Jahr 1914, das Jahr des Beginns des Ersten Weltkriegs und mit den Skeletten müsste folgerichtig die Masse der Gefallenen in den Gräben des Stellungskriegs um Verdun gemeint sein.

1911 Ursachen des Ersten Weltkriegs

Das Recht wird zu Unrecht zu Tod. Man wird ausziehen, um dies zu tun.
Nach außen lügt man nach innen hütet man die Unschuld.
Was für ein großes Übel aus diesem Ort entstehen wird.
Welche Gutgläubigkeit Jahre der Flucht werden ihnen widerfahren.

Es ist die Zeit vor dem Ersten Weltkrieg. Was meint Nostradamus mit folgender Wendung: „das Recht zu Unrecht zu Tod …" Dies könnte folgendermaßen gedeutet werden: Zuerst fühlen sich alle im Recht, dann begeht man aus diesem Bewusstsein heraus Unrecht und schließlich führt das zum Tod (Krieg). Der Ort war Sarajewo, wo durch ein Attentat der Erste Weltkrieg ausgelöst wurde.

1916 Verlauf des Ersten Weltkriegs

Die Kaste der Ranzigen werden den Zusammenschluss verlassen.
Verätzte Kehlen. Nicht angenehm dieser Rassismus.

Mit der „Kaste der Ranzigen" sind vermutlich die Monarchen gemeint. Sie begegnen sich ab August 1914 nicht mehr in Konferenzzimmern, sondern auf dem Schlachtfeld. „Verätzte Kehlen": Am 22. April 1915 erfolgt der erste Gasangriff an der Westfront. Das giftige Chlorgas wird an dem Frontabschnitt zwischen Langemarck und Ypern eingesetzt. Er verätzt die Atmungsorgane und führt augenblicklich zum Tode.

1918 Ende des Ersten Weltkriegs

Die Lilie der Treue des Kronprinzen wird tragen vier Jahre die Bürgschaft.
Bis er ohne Land sich entsagt von dem Reich.
Neuer Ärger, in der großen Welt großartiger Gestank.
Aus der Ferne versucht man sich zu lösen von Hundert der überflüssigen Irrtümer.

Der deutsche Kaiser Wilhelm II., aus Sicht des Sehers lediglich ein Kronprinz, trägt für vier Jahre, 1914 bis 1918, die Bürgschaft für den österreichischen Kaiser, bis er am 9. November 1918 gegen 12 Uhr abdankt, „bis er ohne Land sich entsagt von dem Reich". Sehr interessant die Schilderung dieser Details, denn tatsächlich: Nach der Ausrufung der Republik durch Scheidemann in Berlin am 9.11.1918 gegen 14 Uhr, nachdem der letzte kaiserliche Reichskanzler, Prinz Max von Baden, eigenmächtig die Abdankung des Kaisers und den Thronverzicht bekanntgegeben hatte, besaß Wilhelm II. kein Land mehr, welches er zu regieren hatte. Er ging am 10. November 1918 nach Holland ins Exil.

Es ist nicht ganz klar, ob mit dem „neuen Ärger in der Großen Welt" die revolutionären Bewegungen in Deutschland, Österreich oder Russland gemeint sind; dafür spräche der Ausdruck „Gestank" eben dieses bewaffneten Aufstandes, der Straßenkämpfe.

1927 Das Radio erwacht

Es erwacht das Spiel der Töne die Zeit der Vereinbarungen aus dem Wald ist vorüber. Nach der großen Empörung des Volksführers wird das Recht verbannt.

„Es erwacht das Spiel der Töne": eine gleichsam poetische Wendung von Nostradamus. „Die Zeit der Vereinbarungen aus dem Wald", das Waffenstillstandsabkommen mit Frankreich, sieht Nostradamus um diese Zeit als beendet an. Die nationale Empörung in Deutschland über den Versailler Vertrag war neben den Konsequenzen der Wirtschaftskrise ein entscheidender Ausgangspunkt für die Machtergreifung der Nationalsozialisten im Januar 1933.

1929 Das Erwachen des Nationalsozialismus in Deutschland

Brennende Kirchen durch ausgebluteten Geist der inneren Gedanken.
Ein Ort des Fanatismus. Man wird die wieder zu Herrschenden gewordenen
von unten her befreit haben.

Dieser Vers stellt eine Art Zusammenfassung der künftigen Entwicklung dar und scheint von Nostradamus nicht nur auf das Jahr 1929 beschränkt zu sein. Die brennenden Kirchen dürften die jüdischen Synagogen sein, die in der so genannten „Reichskristallnacht" am 9./10./11.1938 angesteckt und verwüstet wurden.

1930 Ankündigung der Machtübernahme durch Hitler

An der Grenze von 2 wird man zu den Heiligen des Nicht Sonnigen fliegen.
Gefährdet sind die Normannen im gierigen Wieder-Fanatismus.

„An der Grenze von 2" – Vor dem Eintreffen des Ereignisses hätte man vermutet, dass es sich um den Jahreswechsel 1931 auf 1932 handelt. Am 30. Januar 1933 wurde Hitler durch Hindenburg zum Reichskanzler ernannt, dieser Vorgang gilt heute allgemein als eigentliche Machtergreifung Hitlers.

1931 Erste Ankündigung des Zweiten Weltkriegs

Der Friede ist bei 10 eingeschläfert. Der Krieg ist erwacht.
In dieser Zeit nichts als Missbrauch große Unstimmigkeiten.

Wir befinden uns im Vers 31, die nächste runde Zahl ist demnach 40, also 1940. „Eingeschläferter Friede" müsste die logische Umschreibung für Krieg sein. Bei 40 heißt aber genau genommen entweder das Jahr 1939 oder 1941. Heute wissen wir, dass es 1939 war! Historische Tatsache ist, dass am Morgen des 1. September 1939, um 4.45 Uhr deutsche Truppen die polnische Grenze überschritten und so den Zweiten Weltkrieg ausgelöst haben.

1933 Die drei Führer

Wenn der Gewalttätige, König von Rom ist, in den Jahren des nicht Krieges.
An der Macht drei, die Führer genannt werden.

Tatsächlich gab es in den 20er- und 30er-Jahren drei Politiker, die sich Führer oder Duce nannten. Doch trifft das für das Jahr 1932 (wir befinden uns im Vers 32!) für Franco noch nicht zu. Franco musste erst noch 1936 auf die Kanarischen Inseln übersiedeln. Von dort organisierte er den antirepublikanischen Militäraufstand. In diesem Zusammenhang wird oft Josef Stalin übersehen. Auch er nannte sich selbst oder wurde von anderen Führer genannt.

1934 Die Ankündigung des Ölproblems in Arabien

Es sind nicht die Araber die das Geschwür haben,
das durch ihren Anteil am Grundbesitz des Öls entsteht.

Tatsächlich hatte der Kampf um die künftig Öl exportierenden Länder im Vorderen Orient durch Großbritannien begonnen. In dieser Zeile befindet sich offenbar die einzige Bemerkung, die das Automobil betrifft. Mit dem „Geschwür" dürfte wohl der Benzinmotor gemeint sein, der den Grundstoff Öl benötigt, während die Araber zu diesem Zeitpunkt mit Kamelen und Lasttieren kein Interesse an der „stinkenden Flüssigkeit" aus ihrem Boden haben können.

1935 Hitler

Die Verblendung zuvor versiegelt wird sich herausgeschält haben. Verlassen.
Die Blume wird folgen der Gabe des Magiers.

Die Nürnberger Gesetze vom 15. September 1935 hatten der jüdischen Bevölkerung die deutsche Staatsbürgerschaft aberkannt.

Das Hakenkreuz (Swastika) stellt schematisch annähernd die Umrisse einer Rosenblüte dar. Es ist ein uraltes Sonnen- und Fruchtbarkeitssymbol in vielen Kulturen Europas. Dieses angeblich rein arische Symbol wird zum beherrschenden Signet für die Riesenaufmärsche auf den Parteitagen in Nürnberg. Mit dem Magier könnte durchaus auch Göbbels mit seinen demagogischen Fähigkeiten gemeint sein.

1937 Konzentrationslager

Im Stich gelassen und zerrieben. Im Dezember weggeschüttet.
Am hohen fernen Ort steigt die Zeit der reservierten Bezirke herauf.

Von Süd-Frankreich (dem Wohnort des Nostradamus um 1555) aus gesehen befindet sich das Deutsche Reich im hohen Norden. Dort zieht „die Zeit der reservierten Bezirke", die Zeit der Konzentrationslager, für die deutschen Juden herauf. Sehr böse allerdings klingen die Worte des Sehers an eine uns unbekannte Adresse. Wer hat die deutschen Juden im Stich gelassen? Was meint Nostradamus mit „zerrieben" und „weggeschüttet"?

1938 Weitere Ankündigung des Zweiten Weltkriegs

Beginn der Plage durch die Rose der Hölle und die Engländer.
Vorbei geht die Zeit der Empörung über den großen Dämonen.

Nostradamus beschreibt hier das Hakenkreuz als die Rose der Hölle und Hitler als den großen Dämon.

Gleichzeitig kündigt Nostradamus, was für ihn typisch ist, dass diese Zeit vorübergehen wird.

1938 Warnung an Frankreich

Nicht mehr weit von der Versetzung eines tüchtigen Schlages, den die Gallier erwarten können. Keine Hilfe auch nichts Gutes von denjenigen die hinzukommen.

Nostradamus kündigt auf seine Art an, dass seine Landsleute mit einem Angriff zu rechnen haben. Im zweiten Teil vermerkt er, dass die Franzosen erstmals keine Hilfe erwarten können und dass letztlich diejenigen, die ihnen helfen, ihnen nicht Gutes antun werden.

1940 Details aus dem Zweiten Weltkrieg

Zwei von fünf bleiben aus dem Wald des Jubels übrig. Vier Jahre.
Die Abtei wird in Flammen stehen. Jahre des ranzigen Gestanks.

Mit dem Wald des Jubels könnten die Szenen anlässlich der Nürnberger Parteitage gemeint sein. Zwei von fünf der Arme schwingenden werden am Ende des Dramas überlebt haben. Die Andeutung, dass zwei von fünf übrig bleiben, könnte man auch auf Einzelpersonen beziehen. Tatsächlich bleiben zwei ganz hochstehende Nationalsozialisten am Ende des Zweiten Weltkriegs übrig. Hess und Göring. „Vier Jahre" steht für 1944. Tatsächlich brennt die Abtei Monte Casino. Das Kloster wird durch alliierte Luftangriffe (15.2.44) und Artilleriefeuer völlig zerstört.

1941 Luftkrieg

Dem großen Cesar des Selbstgeschreis kein Urteil.
In der Luft Schlachtgetümmel. Vier Scherbenhonig voll von Bitternis.

Wer war der „große Cesar des Selbstgeschreis"? Einmal Hitler, der aber von Nostradamus bereits als Herr des Bösen tituliert wird. Auf der anderen Seite trat Göbbels als großer „Reichsschreier" auf. Für Göbbels gibt es kein Urteil, d. h. er kann nicht vor Gericht gestellt werden, denn er hatte vorher Selbstmord begangen.

Schlachtgetümmel in der Luft – für einen Menschen des 16. Jahrhunderts ein unvorstellbarer Vorgang. Wie kann eine Schlacht in der Luft stattfinden, wenn die Menschen und Kanonen nicht fliegen können?

Andererseits scheint es doch möglich zu sein, denn Nostradamus sieht es. Seine künftigen Leser, auch diejenigen, die seine Orakel korrekt offen legen, könnten an ihm zweifeln, darum diese zusätzliche Doppelsinnigkeit. Denn Schlachtgetümmel in der Luft könnte auch mit Lärm einer Schlacht gedeutet werden!

Gemeint sind demnach der Luftkampf und die Welle von Bombern.

1944 Flüchtlingsströme

Völkerwanderung,Völkerwanderungen durch die Brände überall.
Diese Drangsal nicht von Gold sich aus der Luft vollziehen wird.

Nostradamus hat die Flüchtlingstrecks gesehen und die brennenden Städte. Als Ursache dafür gibt er an, dass dies aus der Luft geschehen wird.

1944 Die erste Atombombe, die gegen Menschen eingesetzt wurde

Das ehemals gegen die Speiche gerichtete, Ausgeklügelte wird alles beenden.
Zum Ruhm derer, die man getötet hat, am Himmel werden Zeichen gesetzt.

Das Orakel weist darauf hin, dass der Einsatz der Atombomben gegen Deutschland geplant war. Deutschland trug auf seinem Schild zu dieser Zeit ein Speicherkreuz als Wappen. Tatsächlich beendeten die Atombombenabwürfe über Japan den Krieg im Fernen Osten.

Zum „Ruhm" derer, die man getötet hat, werden am Himmel Zeichen gseetzt. Damit hat Nostradamus zweifelsfrei den Atompilz gemeint.

1946 Weitere Beschreibung der Wirkung der Atombombe

Flieht, flieht vor dem Grauen des Verbrennens.
Der Opferduft (steigt) langsam zu Gott.

Bemerkenswert an dieser Prophezeiung ist, dass sie ohne weitere
Ortsangabe ist – so als gelte dies nicht nur für Japan.

1946 Erneut ein Hinweis auf die Teilung Deutschlands

Der Herr des Bösen liegt in Trümmern im Schatten der Quellen.
Wenn der Tod seinen Platz in der Luft eingenommen hat, dann neue halbe Nationen.

Ein letzter Hinweis auf das Ende Hitlers. Was mit dem Schatten der
Quellen gemeint ist, lässt sich schwer sagen. Frei übersetzt könnte man formulieren: Im Schatten des Ausgangspunktes der Tragödie. Dies wäre dann die Reichskanzlei in Berlin.

„Wenn der Tod seinen Platz in der Luft eingenommen hat, dann
neue halbe Nationen" – der Tod hat mit einem Pilz seinen Platz in
der Luft eingenommen, als die Atombomben gezündet wurden,
so könnte dieses Bild gedeutet werden.

1954 Indochina-Krieg Frankreichs

Der schreckliche Krieg welchen man so dicht beherbergt zieht im Osten herauf.
Im Jahr darauf folgt die Krankheit.

„Der schreckliche Krieg welchen man so dicht beherbergt" – heißt
nichts anderes, als Waffenstillstand. Es ist nicht die Situation des
Friedens auch nicht die des Krieges. Es ist ein Waffenstillstand, bei
dem der Krieg gleichsam dicht daneben wohnt. Tatsächlich löst
am 20. Juli 1954 der französische Ministerpräsident Mendes
France sein Wahl-Versprechen ein und unterzeichnet in Genf ein
Waffenstillstandsabkommen. Der 17. Breitengrad ist die Teilungs-
linie für das Land in ein Nord- und Südvietnam.

Auf den ersten Blick müsste man von einer neuen Krankheit sprechen. Tatsächlich kommt es in den Fünfzigerjahren zu mehreren Grippewellen. Aber das kann hier nicht angesprochen sein. Die Krankheit dürfte wohl die Unterwanderung vieler Gebiete Südvietnams durch Fremde, sowohl von Nordvietnamesen, als auch den Amerikanern gemeint sein.

1955 Nostradamus rät seinen Landsleuten

So sehr schrecklich das Jung und Alt wie Tiere. Blutig das Meer.
Gesäuber vom Krieg. Glück in Frankreich.

Nostradamus beschreibt den Vietnamkrieg und gibt Frankreich den Rat, wie Frieden herzustellen ist. Man kann also davon ausgehen, dass die Franzosen es richtig gemacht haben, als sie sich aus Vietnam und Algerien zurückzogen.

1957 De Gaulle – neuer König in Frankreich

Am Ort dicht bei der 10. Ein König wird wieder eingesetzt.
Und wird versuchen das Gesetz zu ändern, bevor es zur Aussaat kommt.

Dicht bei der 10 kann bei Nostradamus heißen: dicht bei 1960, also 1959 oder 1961. Tatsächlich stimmen die Details überein: Am 29. Mai 1958 wird de Gaulle mit der Regierungsbildung in Paris beauftragt.

De Gaulle bildet eine Regierung aus den führenden Politikern des gestürzten Regimes und lässt eine neue Verfassung ausarbeiten, die nach seinem Willen durch eine Volksabstimmung bestätigt werden soll.

1958 Hintergründe der Wahl Papst Johannes XXIII.

Um sich festzulegen man wird nehmen den stellvertretenden Bischof.
Niemals gestattet die Sonne Roten, das es Leben schafft.

Am 9. Oktober 1958 wird Johannes XXIII. zum Papst gewählt. Was bei einer Papstwahl in der inneren Abgeschiedenheit der Beratungen vor sich geht, welche Interessen sich durchsetzen können, welche Kompromisse geschlossen werden müssen, um ein einmütiges Urteil zu finden, das bleibt bei jeder dieser Wahlen erneut ein Rätsel.

Bei der Wahl Johannes XXIII. könnte es jedoch so gewesen sein, dass man sich auf den späteren Papst Paul VI. (noch) nicht einigen konnte (dieser galt schon 1958 als „papabile"!!) und daher sich auf den schon relativ alten Angelo Giuseppe Roncalli, Patriarch von Venedig und Kardinal, verständigte. Er war vielleicht der Kompromisskandidat, stellvertretend für den noch nicht mehrheitsfähigen Giovanni Battista Montini, Paul VI.!

1962 Ankündigung des Vietnam-Krieges der USA

Im Hafen dort wo die Schiffe untergebracht sind wohnt der Missbrauch.
Rau man zusammenhält. Drei werden die Scharfschützen sein.

Offenbar sieht Nostradamus die Situation, die durch die Infiltration von nordvietnamesischen Untergrundkämpfern nach Südvietnam entsteht. Das Regime Diem in Südvietnam versucht dies mit Folter und Grausamkeiten gegenüber den Untergrundkämpfern aus Nordvietnam zu verhindern.

Unklar ist bis heute die Rolle des damaligen amerikanischen Präsidenten J. F. Kennedy bei der Ermordung des Machthabers Diem. Drei werden die Scharfschützen sein – die letzte Zeile könnte Kennedy, aber auch Diem gelten. Demnach müsste man tatsächlich in Betracht ziehen, dass mehr als ein Schütze an dem Attentat auf Kennedy beteiligt war, oder, dass es möglicherweise die Rache für Diems Ermordung gewesen ist.

1965 Ankündigung der Mondlandung

Innerhalb von vier Jahren wird die Sorgfalt ein Sternenschiff einrichten,
das dort festmacht, wo der Prinz gestellt ist auf fremde Erde.

Nostradamus beschreibt mit seinen Worten hier die Planung und den Bau eines Apollo-Raumfahrzeuges! „Sorgfalt" steht hier für Technik und Planung. Wir befinden uns im 65. Vers, zuzüglich vier Jahre also 1969! Tatsächlich betritt am 21. Juli 1969 A. Armstrong als erster Mensch den Mond.

1967 Sperrung des Suezkanals

Am Nadelöhr des Wassers, neue Steine.

Eine treffende Beschreibung des Suezkanals in der Tat, der am 6. Juni 1967, unmittelbar einen Tag nach Ausbruch des Sechstagekrieges am 5. Juni 1967 gesperrt wird. Mit „neuen Steinen" könnte die Unpassierbarkeit des Suezkanals durch liegen gebliebene Schiffe gemeint sein.

1970 Vietnamkrieg

Jahre in denen die Gepanzerten betrügen. Vier Jahre zerfetzte Verstecke.
In vier Jahren werden sie den Tag der Lüge verfluchen.

Mit den Gepanzerten werden vermutlich die Amerikaner gemeint sein, die sich durch eine große, technisch raffinierte Bewaffnung im Vietnamkrieg auszeichnen. Erinnert sei an eine Rede Präsident Nixons am 30.4.1970, in der er erklärte, dass 150 000 US-Soldaten aus Vietnam abgezogen werden sollen.

1973 Khomeini wird angekündigt

Im Glauben wird eintreten ein König des zellenförmigen Turbans.
Und wird regieren weniger als eine Umdrehung des Saturn.

Eine erste Prophezeiung über den Auftritt Khomenis auf der politischen Bühne. Da eine Umdrehung des Saturns um die Sonne etwas weniger als 30 Jahre benötigt, können wir mit dem Ende der von ihm eingeleiteten Herrschaft der islamischen Geistlichen in Persien um 2009 rechnen. Tatsächlich kehrte Khomeni aus seinem Pariser Exil zurück, aber schon am 1. Februar 1979.

1974 Ankündigung der sexuellen Freiheiten

In der Situation, wo es menschliche Sodomie geben wird.
Macht viele. Zwei seid Bürgen, nicht Onanierer.

Bei der weiteren Recherche nach dem Hintergrund dieser Niederschrift stößt man auf die Gründe. Diese werden ab 2010 zu erkennen sein, in der es, nach Nostradamus zu einer Entvölkerung weiter Landstriche der nördlichen Halbkugel kommen soll.

Hinweis: Unter Sodomie versteht man heute im Allgemeinen extreme Formen der sexuellen Betätigung wie Unzucht mit Tieren; früher war dieser Ausdruck aber als Bezeichnung für Homosexualität üblich.

1976 Frankreichs Raketen in den Weltraum

Inmitten zweier Ströme erheben sich Gegensätze im Chemischen.
Bett in der Luft. Sie werden sein getötet durch ionischen Kalk der Luft.

Wir lesen hier von den Raketenstarts der Franzosen. Nostradamus beschreibt doppelsinnig die Insel, von der die Raketen gestartet werden und den Mechanismus, wie es zum Antrieb kommt, weil mehrere Raketen die Nutzlast in den Weltraum schießen.

„Das Bett in der Luft." Wie sollte ein Renaissance-Mensch die Umlaufbahn eines Satelliten besser beschreiben? Folgende Bildassoziation liegt nahe: Das Ding kommt nicht sofort herunter. Es ruht sich im Himmel aus. Ein Bett in der Luft.

1978 Fortsetzung der Beschreibung der französischen Rakete

Durch die griechische Dame von hässlicher Schönheit
gibt es glückliche Hilfen durch unzählige Protokolle.

Die griechische Frau ist die französische Rakete Ariane, für die Nostradamus viele Erfolge vorhersagt und die mit dieser Beschreibung nicht schlecht getroffen ist.

Nochmals einen kurzen Rückblick auf die griechische Mythologie: Ariadne ist die tragische Figur, die Theseus mit dem Ariadnefaden aus dem Labyrinth half, und doch von ihm verlassen wurde. Tatsache ist, dass am 26.12.1979 von dem französischen Raumfahrtzentrum Kourou in Französisch-Guayana der erste Start der Ariane erfolgte. Die „unzähligen Protokolle" meint wohl die europäischen Kommunikations-, Navigations- und Wettersatelliten, die ihre Meldungen aus der Umlaufbahn zur Erde schicken und die als Nutzlast von „Ariane" in das „himmlische Bett" transportiert wurden.

1980 Der Schah von Persien verliert seinen Thron

Der Führer wird wollen die Demonstrationen der Seinigen bei der 10 beenden.
Angesichts stärkerer Demonstrationen Ort in der Fremde.

Hier beschreibt Nostradamus seine Vision, wie der Schah von Persien, nach den Demonstrationen seine Volkes gegen seine Herrschaft, schließlich ins Exil geht. Es ist gleichzeitig der Beginn der Herrschaft des „Weißen Turbans": gemeint ist die Kopfbedeckung der Geistlichen, die ihre Macht im Iran von diesem Zeitpunkt an ausbauen und festigen.

1983 Nostradamus kündigt das Ende der Sowjetunion an

Ungebundenes Drängen an Russlands Macht. Land erschüttert.
Der Große sich hat sehr angefüllt. Dort Zeit der Zerstörung. Sonne 20 Stier.
Erde so stark erbebt. Das große Theater fällt in Schutt und Asche.

Bis wir es durch die Arbeit der Historiker in den Archiven Moskaus besser wissen, sollten wir davon ausgehen, dass um 1983 der Keim für das Ende der Sowjetmacht gelegt wurde. Könnten die Ereignisse in Polen zur selben Zeit damit zu tun haben? Vermutlich, denn Polen dürfte 1983, aus der Sicht von Nostradamus, eher eine Provinz Russlands denn ein eigenständiger Staat gewesen sein.

1983 Russland-Desaster im Krieg mit Afghanistan

Die Luft des Himmels vom verschleierten Krieg erschüttert ist.
Infolgedessen beginnen Gott und seine Heiligen zu Ansehen zu kommen.

Es handelt sich um die Fortsetzung aus den vorhergegangenen Zeilen. Den „verschleierten Krieg" führte Russland mit zunehmend größeren Verlusten in Afghanistan. Tatsächlich kamen zehn Jahre später Glaube und Ikonen der russisch-orthodoxen Kirche in der UdSSR wieder zu Ansehen.

1984 US-Präsident Reagan ordnet Angriff auf Ghadaffi an

Der König versucht durch die Luft ein Blutbad.
Nachdem er die Ursache findet.

Nostradamus kündigt hier die Auseinandersetzung zwischen den USA und Libyen 1986 an. Der US-Präsident wollte damit die Zentrale der Luftpiraterie zerstören, was ihm erfolgreich gelungen ist, denn die Anschläge gegen Flugzeuge hörten von da an abrupt auf.

1985 Krieg Irak-Iran

Eröffnet wegen des Glaubens.
Der König der Gräben wird sein Heer nicht halten können.
Streit am heiligen Drehpunkt des gefragten Öls.

Zwischen dem Iran und Irak begann in diesem Jahr ein grausamer Krieg, der ganz offensichtlich wegen Ölquellen von Saddam Hussein, dem Herrscher des Irak, provoziert wurde.

1988 Ankündigung, dass die PLO ab 1990 Beistand erhält

Diese weltlichen Sarazenen erhalten Beistand bis zum Jahr Null nicht.

Das nächste Jahr mit einer Null wäre das Jahr 1990. Tatsächlich erhielt der PLO-Führer Arafat, auch aufgrund der veränderten politischen Weltlage, erstmals Unterstützung aus den westlichen Ländern, um den Nahen Osten zu befrieden. Zum Ende des letzten Jahrzehnts im 20. Jahrhundert wurde die Welt Zeuge, wie sich aus der PLO ein politisches Gebilde im Nahen Osten entwickelte, das als Verhandlungspartner anerkannt wurde. Man denke an die Friedensgespräche zwischen Herrn Rabin und Arafat. Eine Lösung war jedoch auch im Jahre 2000 noch nicht sichtbar.

1989 Fall der Berliner Mauer

Ein Hauptmann nicht des größeren Deutschland
wird sich begeben um Hilfe vorzutäuschen.

Im Rückblick wird immer klarer, dass mit diesem rangmäßig untergeordneten Hauptmann, Günter Schabowski auf der historischen Pressekonferenz gemeint ist. Er verkündete aufgrund eines Missverständnisses die Öffnung der deutsch/deutschen Grenze. Dies löste schließlich die lawinenartige Entwicklung aus, die zur Wiedervereinigung der Deutschen geführt hat.

1990 Der Golfkrieg

Dem König der Könige Hilfe vom Banner der 9.
Wegen dieser Revolte Zeit des großen Blutstroms.

Damit beschreibt Nostradamus den Überfall des Irak unter Saddam Hussein auf Kuwait und die anschließenden militärischen Aktionen, die unter dem Namen Golfkrieg in die Geschichte eingegangen sind.

1991 Die brennenden Ölquellen Kuwaits

Die salzige These spielen die Sterne. Zeit der höllischen Lampenschale.
Das neue unbekannte Übel und die unehrenhafte Weigerung.

Wer sich alte, rußende Öllämpchen vorstellt, sieht wie treffend Nostradamus eines der augenfälligsten Zeichen des Golfkriegs beschrieben hat, nämlich die brennenden Ölquellen.

1994 Die Vorgänge in Jugoslawien

Der Glaube ist verletzt. Salzige Irrtümer vollenden sich.
Schwache Angriffe erschüttern die sklavische Vorherrschaft.
Lübeck und Meißen werden halten zu den Angreifern.

Diese Wendung beschreibt die Grausamkeiten, die in Bosnien und an anderen Orten des ehemaligen Jugoslawiens begangen wurden. Unschwer zu erkennen ist, dass Nostradamus mit der slawischen Vorherrschaft die Serben um Milosevic gemeint hat.

Mit Lübeck und Meißen beschreibt Nostradamus, dass erstmals deutsche Soldaten außerhalb des eigenen Landes zum Einsatz kommen. Da sie außerhalb des eigenen Landes eingesetzt werden, sieht er sie als Besatzer oder Angreifer, auch wenn sie als Schutztruppe der UNO gesehen werden müssen.

1996 Ankündigung eines Konflikts im Jahre 2000

Vier Jahre wenn eintritt König. In der Luft befindet sich brandig werdendes.
Des Pfades (Weges) Zeit infolge Durchbruch zu Gott.
Zur 10 verletzter Glaube trägt den Lärm bewaffneter Umtriebe.
Werden bringen Feuer, Tod des Blutes und Furcht vor Gott.

Bei der „10" heißt bei Nostradamus: 1990 oder 2000 gibt es Glaubensauseinandersetzungen. Wir vermuten sie im Nahen Osten.

Es hat sich als richtig herausgestellt, dass Nostradamus mit dem Ausdruck „Vier Jahre" die Zeitbestimmung nach der Methode vorgenommen hat: Versnummer entspricht dem Jahr innerhalb des Jahrhunderts plus Zeitangabe im Verstext selbst. Demnach 1996 plus 4 Jahre = 2000.

Im Jahr 2000 kommt ein neuer König. Es könnte die Wahl eines Politikers sein. Sei es in Israel, sei es in den USA. Ohne Mühe lässt sich heute erkennen, dass zur 10, also nochmals ein Hinweis auf das Jahr 2000 oder die „10" als Zeitangabe für den Monat Oktober „verletzter Glaube den Lärm bewaffneter Umtriebe" zeigt. Die Auseinandersetzung zwischen Israel und den Palästinensern begann im Jahre 2000!

1999 Kosowo oder Tschetschenien

Wind für denjenigen den man zum Verlassen seines Throns gezwungen hat.
Über die Mauern wird geworfen Asche, Kalk, Kohlestaub.

Im Jahre 1999 gab es den NATO-Angriff auf Restjugoslawien, um den Völkermord der Serben im Kosowo zu stoppen. Milosevic ist schließlich im Jahre 2000 zurückgetreten. Das neue Russland führt seit 1999 gegen die Tschetschenen einen Krieg mit äußerster Härte. Vermutlich wurden dort chemische Waffen eingesetzt.

Das 21. Jahrhundert

Das Jahrhundert der großen Beweglichkeit

Nachdem ich die Verse des Nostradamus für dieses Jahrhundert durchgearbeitet hatte, kam ich zu dem Schluss, dass man es treffend als das Jahrhundert der großen Beweglichkeit bezeichnen könnte, denn durch dieses Schlagwort lässt sich die entscheidende Entwicklung in den nächsten 100 Jahren treffend beschreiben, welche Nostradamus in dem folgenden Vers thematisiert:

100.

Le grand Empire sera par Angleterre,
Le Penpotam des ans plus de trois cens :
Grandes copies passer par mer et terre ,
Les Lusitains n'en seront pas contens.

IX. Centurie, Vers 100, Prophezeiung für das Jahr 2000:
Große Serienfahrzeuge fahren über das Meer und das Land.
Die mit klarem Verstand werden darüber nicht glücklich sein.

Dieser Text bringt eindeutig zum Ausdruck, dass der Weltbevölkerung die unbeschränkte Bewegungsfreiheit unmittelbar bevorsteht. Aber auch in den nachfolgenden Versen für das 21. Jahrhundert fallen direkte und indirekte Bemerkungen auf, dass Reisen an jeden beliebigen Punkt der Erde möglich ist. Der Schwerpunkt in diesen Hinweisen des Nostradamus liegt jedoch vor allem darauf, dass diese neue Bewegungsfreiheit für alle Menschen gleichermaßen gilt. Dies kann natürlich nicht ohne Folgen bleiben.

Wer heute in einem westlichen Industriestaat lebt und über das nötige Geld verfügt, kann, zumindest theoretisch, per Schiff, Flugzeug, Bahn, Auto oder zu Fuß jeden beliebigen Ort der Erde besuchen. Allenfalls politische Gründe, wie ein Visumzwang oder ein generelles Einreiseverbot, schränken den Reiselustigen ein. Ein Inder, der täglich den Kampf ums Überleben kämpft, scheint weit davon entfernt, sich den Traum des Reisens erfüllen zu können. Dem Wohlhabenden steht die Welt offen, dem Armen ist diese Beweglichkeit noch verwehrt.

Neuartige Beförderungssysteme

Nostradamus geht in seinen Prophezeiungen davon aus, dass die Kosten für Fernreisen im Laufe der nächsten Jahrzehnte durch neuartige Beförderungssysteme für jedermann erschwinglich sein werden. Wem es schwer fällt, sich eine solche umwälzende Neuerung vorzustellen, der möge an eine Art globales Straßenbahnnetz denken. Auch Menschen mit geringem Einkommen werden dann nach Belieben verreisen können.

Der Seher aus Salon-de-Provence bezeichnet den neuen Typ Beförderungsmittel als „Serienfahrzeuge". Ich schließe daraus, dass es sich um ein Massenprodukt handeln muss, welches sowohl über Wasser als auch über Land fahren kann. Ob man es sich wohl als eine Art Luftkissenfahrzeug vorstellen muss? Doch so einfach scheint die Lösung nicht zu sein, denn diese neuen Fahrzeuge müssen eine entsprechend große Zahl von Menschen transportieren können, um die Rentabilität eines auf ein Minimum gesenkten Fahrpreises zu gewährleisten. Nach heutigem Wissensstand wird dies bei Luftkissenfahrzeugen nie möglich sein.

Hinweise auf neuartige Beförderungssysteme gibt es derzeit tatsächlich genug. Da wäre ein in Planung befindliches russisches Superflugzeug, welches Tausende von Passagieren befördern kann und in geringer Höhe fliegt, um Treibstoff zu sparen.

In anderen Ländern wird an Flugzeugen gearbeitet, die praktisch nur noch aus einer riesigen Tragfläche bestehen. Auf den

Werften der Welt werden Superschiffe entworfen, die mehr schwimmenden Städten gleichen und bis zu zehntausend Fahrgäste befördern können. Die Weiterentwicklung von Magnetschwebebahnen, wie etwa die umstrittene Transrapid-Verbindung zwischen Hamburg und Berlin, lassen ebenfalls ein heraufziehendes Zeitalter der Massenbeförderung erwarten.

Das von Nostradamus als „Serienfahrzeug" beschriebene Transportmittel wird wohl kaum ein reines Flugzeug oder Schiff sein. Wahrscheinlicher scheint mir eine variable Kombination aus beidem. Für mich steht jedenfalls fest, der heutige Planungsstand der Infrastruktur zielt in die Richtung, die Nostradamus in seinen Vorhersagen beschreibt.

Weil ich gerne reise, ist für mich die Vorstellung eines globalen Beförderungssystems zum Minitarif einfach faszinierend. Doch welche Folgen wird es haben, wenn alle Menschen auf dieser Erde von der Reiselust gepackt werden und wenn jedermann verreisen kann, wohin er will? Solche Veränderungen müssen gravierende Konsequenzen haben!

Nostradamus bringt das Problem im Zusammenhang mit den kommenden Jahrhunderten mehrfach zur Sprache. Im 21. Jahrhundert kommt es jedoch noch nicht in seiner ganzen Dramatik zum Ausbruch. Aber immerhin sagt der Seher ja auch: „Die mit klarem Verstand werden darüber nicht glücklich sein." Zweifelsohne sind hier jene Menschen gemeint, die genug Weitblick haben, um die Auswirkungen solcher Neuerungen in der Zukunft wahrzunehmen.

Kurzfristige Folgen der totalen Mobilität

Ich vermute, dass diese allgemeine Mobilität auf der politischen Ebene zunächst einmal das Problem der Asylanten verschärfen wird. Die Staaten werden sich dazu veranlasst sehen, entweder ihre Grenzen hermetisch abzuriegeln oder aber ihr bisheriges Wohlfahrtssystem zu ändern.

Denkbar wäre ein Lösungsmodell, bei dem zwar die Grenzen offen sind, welches Sozialleistungen jedoch nur noch an Stammbewohner bezahlt, die durch eine Geburts-, Steuer- oder Anspruchsnummer kenntlich gemacht werden. Dort, wo man geboren wurde oder seiner Steuerpflicht nachkommt, dort erhält man auch seine Rente oder Sozialleistungen. Darüber hinaus kann sich jeder auf dem Globus bewegen, wie, wann und wohin er will. Im Ansatz hat die Schweiz mit ihren Kantonen das „Heimatrecht" schon seit Jahrhunderten verwirklicht.

Solche kurzfristigen Übergangsprobleme sind in der ersten Phase eines beginnenden Globaltourismus durchaus denkbar. Doch hat Nostradamus mit seiner zweiten Verszeile, „Die mit klarem Verstand werden darüber nicht glücklich sein", nicht auf diese durch Wirtschaftsflüchtlinge verursachten anfänglichen Schwierigkeiten gezielt. Seinen weiteren Prophezeiungen zufolge werden sie schon Mitte des nächsten Jahrhunderts kein Thema mehr sein.

Vielmehr werden die Staaten, wie sich später noch zeigen wird, wegen eines grundsätzlich veränderten Verhältnisses zu ihren Bürgern die Versorgung jedes Einzelnen mit allem Lebensnotwendigen fast zum Nulltarif übernehmen. Um jedoch kein Missverständnis aufkommen zu lassen, sollte erwähnt werden, dass mit dem Lebensnotwendigen Unterkunft, Nahrungsmittel, die medizinische Versorgung und die Versorgung im Alter oder bei Krankheit gemeint ist. Für den persönlichen Luxus übernimmt der Staat die Verantwortung nicht; in dieser Hinsicht werden sich die Bürger dieses Planeten bis zum Ende ihrer Zeit auf dieser Erde voneinander unterscheiden.

Den Versuch, alle Menschen „gleich"zuschalten, wird es noch mehrfach geben. Einmal spricht Nostradamus von einem „Senat der Unterschiedslosigkeit", der jedoch zum Scheitern verurteilt ist. Zweimal erwähnt er den „Versuch, das Geld ungesetzlich zu machen". Doch im Geheimen setzt es sich erneut durch, und der Tausch von „Wohlleben (Luxus) gegen Geld" erobert die Welt erneut.

Langfristige Folgen der totalen Mobilität

Warum sind „die mit klarem Verstand" beziehungsweise die Menschen mit Weitblick nicht glücklich über die totale Mobilität? Auf welche Schwierigkeiten will Nostradamus mit dieser Verszeile hinweisen?

Diese Fragen lassen sich nur beantworten, wenn man die Entwicklung über das 21. Jahrhundert hinaus weiter verfolgt. Bedingt durch die ungehinderte Reisemöglichkeit, die etwa ab dem Jahre 2035 zur Realität wird, beginnt eine allmähliche Vermischung der Rassen und Hautfarben.

Nach Nostradamus wird dieses Phänomen schon nach zwei Jahrhunderten, also etwa um 2200, so weit fortgeschritten sein, dass die Abgrenzung von Rassen über die Hautfarben nicht mehr möglich ist.

In bestimmten Bereichen wird die Rassenvermischung sich als günstig erweisen. So weissagt der Prophet, dass Mischlinge aus schwarz- und gelbhäutigen Menschen eines Tages die ideale Besatzung für die im Weltraum operierenden Stationen und Fahrzeuge sein werden.

Am Ende dieser Entwicklung, etwa um das Jahr 2600, wird der Mensch eine Mischung aus allen Rassen des Planeten sein. Am Einzelnen wird nicht mehr feststellbar sein, welchen Rassen seine Vorfahren entstammten. Manche Weltanschauung, die heute im Zusammenhang mit der Vorstellung von der Gleichheit aller Menschen, das Paradies auf Erden erträumt, wird ihren Traum dann auf unerwartete Weise verwirklicht sehen. Unterschiedliches Aussehen und spezifische Merkmale, anhand derer die Zugehörigkeit zu einer bestimmten Rasse festgestellt werden kann, wird es dann nicht mehr geben.

Gegen diese Entwicklung ist heftiger Widerstand zu erwarten. Laut Nostradamus wird dieser hauptsächlich aus Indien und China kommen. Ob die Gegenwehr von den Menschen aller anderen Hautfarben gewünscht oder bekämpft wird, darüber sagt Nostradamus nichts.

Der Nachsatz des Nostradamus, „die mit klarem Verstand, werden darüber nicht glücklich sein", lässt darauf schließen, dass die Menschheit schon in den nächsten 40 Jahren mit einer weltweiten Bewegung rechnen muss, deren Motto eine Parole wie „haltet die Hautfarbe unverfälscht" sein könnte. Für diejenigen, welche diese Entwicklung noch miterleben werden, sei gesagt: Die Rassenvermischung ist nicht aufzuhalten, denn sie ist die Voraussetzung für einen wesentlichen Teil der zukünftigen Geschichte der Menschheit.

Der Ursprung der Hautfarben

Neben den „großen Prophezeiungen" zur Weltgeschichte bis zum Jahre 3797 hat Nostradamus der Nachwelt besonders verschlüsselte, uralte Überlieferungen hinterlassen. Mit der Suche nach den Quellen beschäftige ich mich seit einem Jahrzehnt. Offenbar wurde der Seher dieser Dokumente zwischen 1530 und 1550 in den Archiven des Vatikan habhaft. Nachdem er die wichtigsten Texte in Form von 100 Thesen in seinen „großen Prophezeiungen" versteckt hatte, so schreibt er unverschlüsselt im Vorwort an seinen Sohn César, verbrannte er die Quellendokumente. Sie waren für das 16. Jahrhundert zu brisant. Zwar war Nostradamus als Ratgeber des französischen Königs gegen Verfolgung einigermaßen sicher, nicht aber seine Erben. Hätte man bei ihnen Dokumente gefunden, in denen es heißt, „Eden ist nicht auf Erden gewesen" oder „Die Menschheit ist wegen eines Fehlers auf die Erde verbannt worden", dann wären sie in gefährliche Bedrängnis geraten.

In den vernichteten Dokumenten wird behauptet, dass die unterschiedlichen Hautfarben der Menschen auf der Erde darauf zurückzuführen sind, dass die Völker durch die Engel Gottes auf verschiedenen Planeten eingesammelt und nach hierher gebracht wurden. Ziel und Aufgabe für die auf die Erde verschleppten Menschen sei es, den Fehler an sich selbst zu reparieren und auf diese Weise als eine Rasse in den alten Himmel zurückzukehren. Mit der Bezeichnung „Himmel" war allerdings nicht, wie man vielleicht annehmen möchte, das Paradies gemeint. Nostradamus behauptet, dass der Mensch noch fast 1800 Jahre auf diese Rückkehr warten muss.

Man kann zu der These einer möglichen Einheitshautfarbe stehen wie man will, im 21. Jahrhundert wird sie noch ohne Bedeutung sein. Zu erwarten ist der für die Menschen schmerzliche Aufbruch zu diesem Ziel jedoch erst im nächsten Jahrhundert.

Allgemeine Voraussagen

Gesundheit für alle und ein langes Leben

Im 21. Jahrhundert krönt die Medizin sich selbst. Um das Wichtigste vorwegzunehmen: Erst werden die Ärzte lernen, das Altern des Menschen zu verzögern und dann, zum Ende des Jahrhunderts, sogar generell zu stoppen. Es beginnt eine Zeit, in welcher der biblische Methusalem zur Realität geworden it.

96.

Dans cité entrer exercit desniee,
Duc entrera par persuasion,
Aux foibles portes clam armee amenee,
Mettront feu, mort de sang effusion.

Die erste Etappe der Medizin wird, so sagt es Nostradamus, darin bestehen, dass sie das Leben des Menschen weit über die Marke 120 Jahre hinaus verlängert. Mancher wird noch Zeuge oder gar erstes Objekt dieser medizinischen Großtat sein. Nur das Endziel dieser Entwicklung, ein Alter von 200, 300 oder noch mehr Jahren, wird niemand von jenen, die heute schon geboren sind, erreichen. Die ersten Menschen, für die der Alterungsprozess der Vergangenheit angehört, dürften um das Jahr 2070 geboren werden.

Für den heutigen Menschen bleibt die Vorstellung, nicht mehr altern zu müssen, ein Traum, für seine Urenkel stellt sie einen unglaublichen Triumph dar und für deren Nachkommen, etwa 300 Jahre später, wird sie zur Tragödie. Diejenigen, die nicht mehr sterben können, werden nach 400 Jahren ihres Lebens müde sein, sind aber nicht mehr fähig, eines natürlichen Todes zu sterben. Verändert man den Text in der Offenbarung des Johannes, „selig sind die Toten", nur ein wenig zu „selig sind die, die natürlich sterben konnten", dann ist damit das Kernproblem, welches hinter dieser Tragödie steckt, treffend beschrieben.

Tiere als Organspender

Und Nostradamus beschreibt sie, jene Menschen, die ihre Lebensjahre nicht mehr zählen müssen und sie am Ende sogar nicht mehr zählen können. Heute noch unvorstellbar alte Menschen, die wissen, dass sie vor 250 Jahren schon gelebt, die aber die Details ihres Lebens vergessen haben. So wie es sich in den Versen des Nostradamus nach dem Jahr 2350 darstellt, deutet alles darauf hin, dass diejenigen, die sich für ein Leben entschieden haben, welches länger als 150 Jahre währen soll, nur noch die lebenswichtigsten Teile des Gehirns von Geburt an ihr Eigen nennen können, alle anderen Organe werden ausgetauscht. Wörtlich schreibt Nostradamus: „Aus Schweinen werden halbe Menschen gemacht." Vor 100 Jahren hätte ein Leser mit dieser Verszeile kaum etwas anfangen können. Heute ist das anders. Wie ich werden die Leser dieses Buches verstehen, dass Nostradamus hier das Schwein als Organspender für den Menschen beschreibt. Warum soll es nicht so sein, wenn es erst einmal gelingt, die Immunreaktionen des menschlichen Körpers problemlos zu steuern oder gar so zu verändern, dass eine ständige Gabe von Wirkstoffen zur Immunsuppression nicht mehr notwendig ist?

Epidemien in Europa

Seuchen und Epidemien wird es, wenn man dem großen Seher glauben darf, in Europa letztmals im 20. Jahrhundert geben. Zum Beispiel beschreibt er für das letzte Jahrzehnt eine solche Krankheit mit den Worten „Tausende haben virulente Übungen". Unklar ist zur Zeit noch, ob er damit Aids, den Ebola-Virus oder eine noch unbekannte dritte Krankheit meint.

Für das Jahr 2013 schreibt er in seinem Text: „Der Senat von London stirbt lange und leicht." Spricht er hier von einer bakteriologischen Waffe, die in dem dann stattfindenden globalen Konflikt zum Einsatz kommt, oder ist es gar der BSE-Erreger des Rinderwahnsinns, der auf den Menschen übergesprungen ist und nach 15 Jahren Inkubationszeit zum Ausbruch kommt?

Medizin im 21. Jahrhundert

Es gibt nur zwei Verse, die sich auf die Medizin des 21. Jahrhunderts beziehen. Als wollte Nostradamus den Rat geben, nicht mehr weiter nach Voraussagen für die Medizin zu suchen, fügt er hinzu: „Wieder grün wird die Medizin werden". Das bedeutet, dass nach einer hektischen Phase der Entwicklung nun ein relativer Stillstand in der Medizin folgt, der vom Ende dieses Jahrhunderts an fast 60 Jahre lang dauern wird. Was wieder grün wird, muss zuvor dürr, trocken und kahl gewesen sein.

63.

Cydron , Raguse la cité au sainct Hieron ;
Reuerdira le medicant secours :
Mort fils de Roy , par mort de deux heron ,
L'Arabe, Hongrie feront un mesme cours.

X. Centurie, Vers 63, Prophezeiung für das Jahr 2063:
Sterne man verjüngt – dies ist der Ort der heiligen
Dreiheit. Wieder grün wird die Medizin – zuvor Hilfe.

Wahrscheinlich reicht der heutige Wissensstand noch nicht aus, um die „Sterne" in diesen Versen eindeutig zu identifizieren. Möglicherweise sind hier jedoch die der Medizin seit langem bekannten sternförmigen Ganglienzellen gemeint. Diese Nervenzellen sind nicht dazu in der La-

Das menschliche Gehirn

ge, Abbauprodukte ihrer winzigen Chemie auszustoßen. Folglich müssen sie den Unrat, den sie produzieren, einlagern. Mit den Jahren lassen die Ganglienzellen in ihrer Funktion mehr und mehr nach, und der Mensch altert.

Sollte Nostradamus mit seinen „Sternen" tatsächlich die Ganglienzellen meinen, dann wird es der Medizin ab 2060 voraussichtlich gelingen, diese sternförmigen Zellen mit ihren Nervenzellenfortsätzen zu regenerieren, indem sie diese von ihrem Ballast befreit, Fehlfunktionen behebt oder möglicherweise im hohen Alter systematisch ersetzt. Gut möglich, dass eine wichtige Voraussetzung zur Überwindung von Krankheit in der Regenerierung dieser Nervenzellen liegt.

Nostradamus liefert den Ärzten noch einen zweiten Anhaltspunkt. Er nennt den „Ort der heiligen Dreiheit". Damit könnte er die Hirnanhangdrüse (Hypophyse) meinen, die in der Tat aus drei Lappen besteht. Sie steuert einen großen Teil der Körperfunktionen, indem sie mittels Botenstoffen Befehle an die Zielorgane schickt. Wenn die Medizin für Nostradamus „wieder grün wird", bedeutet dies, dass sie durch die Entdeckung gewisser Zusammenhänge zwischen Ganglienzellen und der Hypophyse einen Wissenssprung erfahren wird. Was könnte dies in der Praxis bedeuten? Nervenzellen regenerieren sich bekanntlich nicht. Wenn Nervenzellen die aus dem Gehirn stammenden Anweisungen nicht korrekt weiter- oder wiedergeben, dann kommt im Zielorgan entweder ein falscher oder gar kein Befehl an. Ständige falsche Befehle korrigiert der Körper einige Zeit lang durch Gegenregulationen. Wenn jedoch die Grenze erreicht ist, dann führen die Signale zu einer Fehlfunktion des Zielorgans. Ab diesem Zeitpunkt spricht man davon, dass dieses Organ krank ist. Vermutlich werden die Ärzte des Jahres 2063 die Botschaften aus dem Gehirn an die Organe so perfekt verstehen, dass sie gezielt korrigierend eingreifen können. Das bedeutet, Organe werden nicht mehr krank, sondern können allenfalls verschleißen, und dann werden sie ersetzt.

Unvorstellbar? Für Nostradamus keineswegs, denn ihm zufolge wird diese Entwicklung der entscheidende medizinische Durchbruch in der zweiten Hälfte des 21. Jahrhunderts sein.

Ich stelle mir in meiner Fantasie vor, dass unsere Enkel von klein auf regelmäßig zur Vorsorgeuntersuchung ihrer Nervenbahnen gehen werden.

Mögliche künftige Fehlfunktionen der Organe und Krankheiten werden auf diese Weise lange bevor sie spürbar werden schon wieder behoben sein.

Nervenzelle

Das Ende des Alterns

Ab dem Jahr 2060 beginnt also das Zeitalter der Gesundheit. Von da an geht es nur noch um die Verlängerung des Lebens, bis das Ziel 30 Jahre später, im Jahre 2097 endlich erreicht ist.

X. Centurie, Vers 97, Prophezeiung für das Jahr 2097:
Dreifach nachgemessen worden ist alles – das Alter gefangen genommen

Verknüpft man die „Stadt der heiligen Dreiheit" aus der Zeit um 2060 mit dem Hinweis auf „dreifaches Nachmessen", dann stößt man auf den indirekten Hinweis, dass an einer bestimmten Stelle irgend etwas verglichen wurde und dass dies zur Entdeckung der Ursachen des Alterns geführt und es schließlich gestoppt („gefangen genommen") hat.

Doch, was im 21. Jahrhundert als Triumph der Medizin gefeiert wird, verändert von nun an die Regeln des gesellschaftlichen Zusammenlebens des Menschen.

Schon heute ist es dank der gesteigerten Lebenserwartung kaum noch vorstellbar, mit einem einzigen Partner ein ganzes Leben lang zusammen zu sein. Wie soll das erst werden, wenn ein Leben 400 bis 500 Jahre währt? Oder stellen Sie sich vor, Sie organisieren im Alter von 450 Jahren ein Familientreffen. Ihr 400-jähriger Sohn wird ebenso erscheinen, wie Ihre 395 Jahre alte Tochter. Niemand wird im Traum daran denken, Sie wegen Ihres „hohen" Alters besonders zu ehren, denn was bedeuten schon 50 Jahre mehr oder weniger?

Und stellen Sie sich vor, wie Sie sich als Mutter fühlen, wenn Sie daran denken, dass Ihr Sohn oder Ihre Tochter keine Körperteile außer dem Gehirn besitzen, die Sie geboren haben. Das sind ohne Zweifel schockierende Vorstellungen.

Wenn Menschen tatsächlich so alt werden sollten, dann wird sich einiges im Hinblick auf Kindheit, Jugend, Familie, Gesellschaft und Staat ändern müssen. Kein Wunder, dass Nostradamus schon bald darauf von großen gesellschaftlichen Veränderungen spricht.

Wohlstand für alle

Die erste Wohlstandsperiode

In den hundert Versen der X. Centurie, die Nostradamus für das
21. Jahrhundert hinterlassen hat, beschreibt er drei Perioden des
Wohlstands in Europa. Die erste Periode wird in den nächsten Jahren beginnen und bis 2010/2011 fortdauern.

Ein Konflikt im Nahen Osten, welcher um das Jahr 2000 zum
Ausbruch kommt, wird die Bevölkerung der westlichen Länder in
einem unvorstellbaren Ausmaß in Schrecken versetzen. In der Folge wird das Bedürfnis nach Sicherheit und somit nach Aufrüstung
steigen, damit das Erreichte bewahrt werden kann. Dieser Rüs-
tungsboom, der neue Waffen hervorbringen wird, löst zu Beginn
des nächsten Jahrtausends auf der nördlichen Halbkugel eine noch
nie vorher in diesem Ausmaß dagewesene Wohlstandswelle aus.
Allerdings beschreibt Nostradamus diesen neuen Wohlstand nur
indirekt, dennoch ist er aus dem folgenden Vers leicht abzulesen:

X. Centurie, Vers 12, Prophezeiung für das Jahr 2012:
Auf dem Höhepunkt des Wohlstands wird es sie treffen,
womit sie nie gerechnet haben.

X. Centurie, Vers 18, Prophezeiung für das Jahr 2018:
Das Hohe wird tief stürzen und das Niedere wird erhöht.

Nostradamus meint, dass die Wirtschaft in der Europäischen Union, jenseits des Jahres 2000 und nach einer aufregenden Serie von
Konflikten, boomen wird. Auf dem Höhepunkt dieser Phase wird
es zu zwei blutigen Konflikten kommen, von denen die gesamte
nördliche Halbkugel betroffen sein wird. Durch eine politische In-
trige werden die mächtigsten Staaten in zwei Kriege hineingezo-
gen, welche die politische Landschaft für Jahrhunderte verändern
werden, aber davon später.

Die zweite Wohlstandsperiode und ein neues Wirtschaftssystem

Sie soll nach 2025 beginnen. Soweit Nostradamus in dieser Hinsicht heute bereits richtig verstanden werden kann, wird diese Phase durch den Aufbau beziehungsweise Ausbau der Territorien Weißrusslands und der heutigen Ukraine zu einem europäischen Wohn- und Handelszentrum ausgelöst. Die Verlegung einer europäischen Hauptstadt in eine weite, ebene Fläche, aus der sich ein Wahrzeichen erhebt, welches Nostradamus als „hohes spitzes Haus" und als Sitz der europäischen Regierung beschreibt, wird in dieser Periode maßgeblich sein. Außerdem wird Spanien in der europäischen Region die dominierende Rolle im 21. Jahrhundert spielen.

Nostradamus bezeichnet die zweite Wohlstandsphase als eine völlige Neuorientierung der Wirtschaft. Dabei bleibt offen, ob man nach 2037 überhaupt noch von einem Wirtschaftssystem wird sprechen können.

X. Centurie, Vers 37, Prophezeiung für 2037:
Die Versammlung der Großen nahe des Sees der Bürger
Sich versammeln nahe der süßen Lüge – 1 Jahr
Händler sehr aufgebracht – Denker Pläne machen werden
Werden warten 1000 Vermögen – 1 Jahr Kampf des heiligen Julius

Diesen Versen zufolge kommt es im Jahre 2037 zu einer Konferenz „am See der Bürger", womit der Genfer See beziehungsweise die Stadt Genf gemeint ist. In der Zeit des Nostradamus galt Genf als die Hochburg des bürgerlichen Lagers. Von dort aus verbreitete sich ab 1555 die Calvinsche Lehre, welche auch in Frankreich ihre Spuren hinterließ.

Was macht mich, von den historischen Zusammenhängen einmal abgesehen, so sicher, dass mit dem „See der Bürger" Genf gemeint ist? Im ersten Drittel des nächsten Jahrhunderts wird Genf zum Zentrum des europäischen Geldhandels aufsteigen. Dies mag auch mit der Spaltung der UNO in mohammedanische und nicht-mohammedanische Staaten zusammenhängen, welche dazu führt,

Die offizielle Flagge der Vereinten Nationen

dass nach 2020 der Sitz der „christlichen" UNO nach Genf verlegt wird. Zu diesem Zeitpunkt hat die Schweiz ihre Neutralität bereits aufgegeben.

Keiner der Nostradamus-Verse, die ich bisher bearbeitet habe, enthält eine für die Verhältnisse des Sehers so ausführliche Beschreibung des Konferenzklimas. Es hat den Anschein, als ob Nostradamus den dann lebenden Menschen raten will, sich nicht von den unterschiedlichen Standpunkten der einzelnen Interessenvertreter irritieren zu lassen.

Offensichtlich stehen sich in der Situation auf der einen Seite „Händler" und auf der anderen „Denker" oder Planer beziehungsweise Reformer gegenüber. Worum es in dieser Konferenz geht, dazu sagt Nostradamus leider nichts. Doch aus allem, was nach 2040 kommt, ist zu ersehen, dass es jedenfalls keine „Händler" mehr geben wird. Scheinbar ist die neue, revolutionäre Idee des 21. Jahrhunderts die Abschaffung des Handels. Hinfort gibt es nur noch Erzeuger und Verbraucher. Die Produzenten von Waren verkaufen ihre Produkte an den Staat, der sie an seine Bürger fast zum Nulltarif weitergibt. Wer jedoch annimmt, dass dies eine neue Form des Kommunismus ist, der irrt. Karl Marx und all seine Nachfolger sind um 2040 alles andere als ein aktuelles Thema. Nostradamus sah voraus, dass sich durch dieses neue Versorgungssystem der Bevölkerung das größte Privatvermögen ansammeln wird, das es je auf Erden gab. Er erwähnt jedoch nicht, auf welche Weise die Menschen ihr Vermögen verdienen werden. Doch es muss sich wohl um die Herstellung innovativer Produkte aus allen Bereichen des täglichen Konsums handeln, die jedermann besitzen will oder von Staats wegen braucht.

Die Entscheidungen, die zugunsten dieses neuen Wirtschaftssystems getroffen werden müssen, können offenbar sehr schnell umgesetzt werden, denn bereits sechs Verse später äußert sich Nostradamus folgendermaßen:

X. CENTURIE, VERS 43, PROPHEZEIUNG FÜR 2043:
Die sehr gute Zeit sehr guter Königsherrschaft
Wohlbehagen – und Unbehagen durch plötzliche Fahrlässigkeit
Zurückgekehrt zur Oberflächlichkeit wird man Fehler begehen
Das Licht wird dort abgeschafft durch ihre guten Flüge

Obwohl also das neue System in nur sechs Jahren durchgesetzt werden konnte, scheinen sich doch in der Folge typische menschliche Schwächen einzuschleichen. Die zweite Hälfte des Verses gibt dies in aller Deutlichkeit wieder.

Der heutige Leser dieses Verses kann nicht erkennen, welche „Fehler" begangen werden könnten und welche Art „Fahrlässigkeit" und „Oberflächlichkeit" zu diesen Fehlern führen werden. Die Zeilen sind auch weniger als Warnung zu verstehen, sondern sollen lediglich darauf hinweisen, dass dieses neue Versorgungssystem der Menschheit mit Anlaufschwierigkeiten zu kämpfen hat.

Im Jahr 2045, also kurze Zeit später, scheinen dem Staat, welcher zu diesem Zeitpunkt die größte Flotte unterhält, Fehler zu unterlaufen, die etwas mit der Umsetzung des neuen Systems in der Verwaltung oder mit Fahrlässigkeit zu tun haben. Ob es sich dabei um die USA handelt, die in unserer Zeit die weltweit größte Flotte unterhalten, geht aus dem Text nicht schlüssig hervor.

X. CENTURIE, VERS 45, PROPHEZEIUNG FÜR DAS JAHR 2045:
Der Schatten der Regierung der Schiffe – hinter ihr kein Wohlstand

Die Zusammenhänge im Jahre 2045 scheinen politischer Natur zu sein. Mit etwas Fantasie könnte man den Begriff „Schatten" dahingehend auslegen, dass im Einflussbereich der Vereinigten Staaten, zu denen, das darf nicht übersehen werden, vermutlich schon die südamerikanischen Staaten gehören, dieser Wohlstand nicht zum Erblühen kommt.

Ein Leben in Wohlstand

Um 2046 ist der Höhepunkt dieser zweiten Periode des blühenden Wohlstands überschritten, und Nostradamus vermerkt ärgerlich:

X. CENTURIE, VERS 46, PROPHEZEIUNG FÜR DAS JAHR 2046:
Leben – meinetwegen stirb am Reichtum des Goldes –
Haus der Einweihung ohne Würde

Und wenige Jahre später:

X. CENTURIE, VERS 50, PROPHEZEIUNG FÜR DAS JAHR 2050:
Die Seelen benutzen den Tag – vier Irrtümer wegen des Luxus der Bürger
Wird aufgedeckt bei der eins

Im Wohlstand zu leben, will gelernt sein, und im 20. Jahrhundert hatte bisher nur eine Minderheit die Gelegenheit, dieses Wissen zu erwerben. So lange das Wohlstandsgefälle anhält, welches sich in einer sehr kleinen reichen und in einer sehr großen armen Bevölkerungsschicht manifestiert, scheinen sich die ungünstigen Auswirkungen des Wohlstands in Grenzen zu halten. Welche Folgen jedoch wird es haben, wenn weltweit plötzlich alle Menschen

„Die Rasse der Kahlgeschorenen ist nicht davon betroffen ..."

wohlhabend sind? Wird Frieden die Folge sein? Vielleicht. Oder Zufriedenheit? Fraglich. Übermut aber wird mit Sicherheit auf jeden Fall zu erwarten sein.

Irgendwo im Spektrum menschlicher Schwächen werden sich Fehler einschleichen. Der Versuch, von der Vorgabe abzuweichen, wird sich in der Hemisphäre des Buddhismus nicht einschleichen. „Die Rasse der Kahlgeschorenen ist nicht davon betroffen", heißt es in der X. Centurie, in Vers 50.

Die zweite Wohlstandsperiode im 21. Jahrhundert schließt Nostradamus mit der Beschreibung der neuen Hauptstadt: „Spitzer Berg und ebene Stadt ist dann Kopf der Bürger", heißt es ebenfalls in der X. Centurie, Vers 50.

Das Ende der Tierzucht
Dieses wird durch eine Anmerkung in der Prophezeiung für 2052 markiert.

X. Centurie, Vers 52, Prophezeiung für das Jahr 2052:
Zu der Bodenhefe will man werfen Zellgewebe damit es sich verheiratet
Es werden sein die Edelmütigen – die dieses für lange Zeit handhaben werden

Ich gebe gerne zu, dass ich die Worte „Bodenhefe" und vor allem den Begriff „Zellgewebe" sehr frei übersetzt habe, denn schließlich denkt und schreibt Nostradamus ja in der Vorstellungswelt seiner Zeit. Die Botschaft dieser Zeilen ist dennoch dazu angetan, den heutigen Menschen erschauern zu lassen. Die heute so beliebten Fleischlieferanten wie Kühe, Schweine, Hühner und Schafe wird es im Jahre 2052 nicht mehr geben.

Nostradamus sieht, dass all diese Tiere ab Mitte des nächsten Jahrhunderts nicht mehr gezüchtet werden, und damit sterben sie praktisch aus. Zukünftig werden die einstigen Nutztiere nur noch in Gehegen zu sehen sein, die dem heutigen Zoo ähnlich sind. Der große Seher geht davon aus, dass es dann gelingen wird, fleischähnliche Produkte von Pflanzen zu ernten. Kurz, der Nahrungsmittelproduzent sät aus und erntet Fleisch.

Das goldene Zeitalter

Das „goldene Jahrhundert oder Jahrtausend" war ein Traum, eine Wunschvorstellung in der Renaissance. Die Kunst erwählte sich dieses Wunschbild zum Thema, schöne, gesunde Menschen, von edlem griechischen Geist geprägt, wurden in einer landschaftlich paradiesischen Welt dargestellt. Einmal in den verbleibenden Jahren bis 3797 wird sich ein solches goldenes Zeitalter tatsächlich realisieren, und Nostradamus lokalisiert es in der Zeit zwischen 2075 und 2100.

X. CENTURIE, VERS 75, PROPHE-
ZEIUNG FÜR DAS JAHR 2075:
So sehr man es erwartet –
es wird nicht zurückkehren jemals
In vier Jahren in Europa und Asien
wird hervortreten
Einer der Vereinigung als Engel
des großen Hermes
Und alle Könige des Orients werden
(an ihn) glauben

Die erste Zeile des Verses stellt eine Art Ausblick dar. Im zweiten Teil beschreibt Nostradamus eine weltumspannende Organisation, deren Präsident oder Vorsitzender nicht nur anerkannt, sondern geradezu verehrt wird. Der große Seher nennt ihn den „Engel des großen Hermes" (Hermes ist der Götterbote wie auch der Gott der Reisenden und des Handels) und verbindet mit diesem Titel auch einen Hinweis auf

Hermes, der Götterbote, der Gott der Reisenden und des Handels

den Charakter des Anführers. In negativer Hinsicht hat er Gleiches getan, indem er, wie bereits an einer früheren Stelle erwähnt wurde, Hitler einen „Cäsar des Selbstgeschreis" genannt hat.

X. Centurie, Vers 84, Prophezeiung für das Jahr 2084:
Die Natur wird sehr erhöht – Hohes wird nicht gestürzt
Die vier Künste kehren zurück –
es kommt die Zeit wo sie zufrieden sich vereinigen
Der Krieg lange Zeit nicht mehr sein wird – er wird abgesattelt sein
Indem das Gesetz herrscht und vergessen ist alles der vergangenen Zeit

Was ist dem noch hinzuzufügen? Ein positiver Vers, wie man ihn vom Wanderer durch die Weltgeschichte nur selten zu lesen bekommt. Die vier Künste, von denen er spricht, sind das mittelalterliche Quadrivium, bestehend aus Arithmetik, Geometrie, Astronomie und Musik. Einige Leser dieses Buches werden das goldene Zeitalter vielleicht noch als Hunderjährige miterleben.

Weltbewegende Erfindungen

Nostradamus und die Technik

Der Seher aus Salon-de-Provence hat kaum eine der bedeutsamen Erfindungen des 18., 19. und 20. Jahrhunderts genauer beschrieben oder auch nur erwähnt. In seinen Versen wird weder die Erfindung der Eisenbahn, des Telegraphen, des Autos oder der Elektrizität thematisiert noch jene des Flugzeugs oder Computers.

Es gibt eine Reihe von Nostradamus-Forschern, die das anders sehen und Michel de Notredame als genialen technischen Propheten ähnlich wie Leonardo da Vinci verstanden wissen wollen. Wenn er sich für das 21. Jahrhundert überhaupt mit technischen Entwicklungen befasst, dann greift er in der Regel den Gipfelpunkt der Nutzungsphase einer Erfindung heraus. Doch es gibt auch Ausnahmen, wie man am Beispiel der elektrischen Glühlampe gut sehen kann.

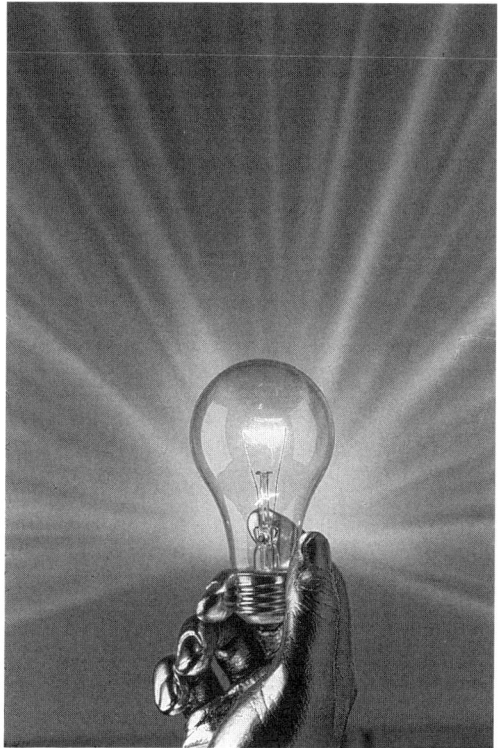

„Wenn die Lampen vom nichtlöschbaren Licht brennen …"

„Wenn die Lampen vom nichtlöschbaren Licht brennen, wird …"
(XI. Centurie, Vers 9 beginnt Nostradamus mit einer seiner Prophezeiungen den Anfang dieses Jahrhunderts zu beschreiben.
Natürlich ist für den modernen Menschen mit elektrischem Licht
untrennbar die Möglichkeit verknüpft, es ein- und auszuschalten,
wann man möchte. Doch der Prophet sieht vermutlich nur die
Glühbirne und bringt den Schalter nicht unmittelbar mit ihr in
Verbindung. Die Voraussetzung für die Erzeugung von Licht ist
Elektrizität. Doch dies scheint Nostradamus in seinen Visionen
nicht wahrgenommen oder als Voraussetzung für das Licht erkannt
zu haben.

Eine neue Energiequelle

Mit dem Beispiel der Glühlampe im Gedächtnis soll nun die Aufmerksamkeit auf die größte Erfindung der nächsten 700 Jahre in der Chronik des Propheten gerichtet werden. Es geht um einen Gegenstand, eine Maschine oder ein Gerät, welches mit einem Ton, einer Frequenz oder Schwingung in Beziehung steht. Das Instrument wird sich später auch als ein Mittel der Kriegsführung erweisen – wie sollte es bei den Menschen auch anders sein. Dennoch hält Nostradamus es für die größte Erfindung der Menschheit überhaupt.

X. Centurie, Vers 28, Prophezeiung für das Jahr 2028:
Das Geheimnis kennt man – und drei gründen die erste Musik
Werden ein durch den König in Ehren unsterblich gemacht

Wie kann man sich schon heute eine Erfindung vorstellen, die erst in etwa 30 Jahren gemacht werden wird? Aus dem Vers lässt sich ermitteln, dass es um das Geheimnis des Tons geht. Normalerweise verlässt ein Ton die Schallquelle und verliert sich, je weiter er sich von seinem Ausgangspunkt entfernt, schließlich im Raum. Hier handelt es sich, dies machen entsprechende Hinweise in den Texten deutlich, die sich auf kommende Jahrhunderte beziehen, um einen „Transaktionston". Nicht der Mensch erzeugt diesen Ton, sondern er ist bereits vorhanden und kommt auf ihn zu. Sobald der Mensch dazu fähig ist, ihn zu erkennen und zu empfangen, wird er Zugang zu einer kostenlosen Energiequelle haben.

Drei Personen werden das Geheimnis des Tons lüften. Ihre Entdeckung wird so bedeutungsvoll sein, dass die Namen dieser drei Wissenschaftler für alle Zeiten Unsterblichkeit erlangen.

Die Eigenschaften der neuen Energiequelle

In dem Vers für das Jahr 2029 beschreibt Nostradamus, wie mittels dieses epochemachenden Geräts Energie produziert wird. Zahlreiche Unternehmungen der Menschheit in den nächsten Jahrhunderten wären ohne diesen Energielieferanten nicht möglich.

X. Centurie, Vers 29, Prophezeiung für das Jahr 2029:
Vom Pol für 1000 Jahre die Sonne in die veränderliche Höhle gebracht
Versteckt und gefangen – nach außerhalb gezogen durch den Bart
Gefangen geführt wie Kranke die Masse der Eingeweihten
Der Hof des Bärtigen in Zuleitung nach den 4 Bäumen

Wenn man den Vers zerlegt, dann ist es möglich, erste Anhaltspunkte abzuleiten, die Aufschluss über die Funktionsweise der Anlage liefern. „Vom Pol" könnte auf eine Ausnutzung der Erdmagnetfelder hindeuten, doch die Sonne scheint der eigentliche Energielieferant zu sein. Der Prozess findet in einer „Höhle", also in einer unterirdischen Anlage statt. Diese Höhle verändert sich, sie wird größer und kleiner. „Gefangen" bedeutet in diesem Zusammenhang speichern. Der „Bart" symbolisiert Leistungen, welche die Energie nach außen führen. Die „vier Bäume" sind Masten, die für die weitere Verteilung des Energiestroms sorgen. Schließlich nennt Nostradamus noch die Wissenschaftler, die voller Begeisterung über die Möglichkeiten sind, welche sich nun der Menschheit bieten.

Hinweise auf Teilchenbeschleunigung

Welche Folgen hat es, wenn der Menschheit Energie zum Nulltarif unbegrenzt zur Verfügung steht? Auf jeden Fall muss es in der Forschung aus energetischen Gründen keine Einschränkung mehr geben. Daher ist es kaum überraschend, wenn Nostradamus bereits für das Folgejahr die nächste wissenschaftliche Großtat ankündigt. Könnte es sein, dass es sich bei der Maschine, die in diesem Vers für das Jahr 2030 beschrieben wird, um einen Teilchenbeschleuniger handelt?

X. Centurie, Vers 30, Prophezeiung für das Jahr 2030:
Nicht stinkend angezogen — Engel des heiligen Neuen kommt
Durch den Beinamen unterhält man das Tor das entdeckt wurde
Es wird sein gejagt — hingestellt zum Sterben — nackt gejagt
Aus Rotem und Schwarzem umgewandelt — ihr Grün

Wenn man diesen Text auf der Basis des heutigen Wissensstands interpretiert, dann könnte „nicht stinkend angezogen" bedeuten, dass es sich nicht um chemische, sondern wahrscheinlich um physikalische oder vielleicht auch um mathematische Vorgänge handelt. Aus dem Textabschnitt „Engel des heiligen Neuen" kann man entnehmen, dass es hier sozusagen um eine legale Handlung geht, die nicht gegen die Gesetze des Kosmos gerichtet ist. In diesem Zusammenhang verwendet Nostradamus normalerweise Begriffe wie „Engel" und „heilig".

„Durch den Beinamen" signalisiert, dass es sich bei dem Prozess um den Nebeneffekt eines anderen Phänomens handelt. Vielleicht beschreibt Nostradamus hier eine zurzeit noch unbekannte Art von Plasmaphysik. Einige Jahrhunderte später erwähnt er eine Physik hinter der Physik, die diese Vermutung wahrscheinlich erscheinen lässt. „Das Tor" ist ohne große Fantasie als ein Zugang zu erkennen, der offen gehalten wird.

„Wird sein gejagt" erinnert an einen Teilchenbeschleuniger, in dem beispielsweise Neutronen auf eine hohe Geschwindigkeit gebracht werden, um damit Atome zu beschießen. Würde es sich bei dem Prozess um eine Kernfusion handeln, dann hätte Nostradamus zu ihrer Beschreibung Worte wie Hochzeit, Vereinigung oder gegenseitige Liebe gebraucht. „Hingestellt zum Sterben" wäre dann das Objekt, also ein Atom oder der Teil eines Atoms, welches zertrümmert wird. „Nackt gejagt" könnte ein Atomkern sein, der von seinen Elektronen getrennt wurde und nun gewaltig beschleunigt wird.

Ob Nostradamus mit „Aus Rotem und Schwarzem" auf Farben und Symbole der Alchimie anspielt, ist schwer zu sagen, weil die Anlage, die er hier beschreibt, noch nicht identifiziert werden kann. Außerdem ist ja der Versteil „nicht stinkend angezogen" bereits als Hinweis darauf erkannt, dass es sich jedenfalls nicht um einen chemischen und damit auch nicht um einen alchimistischen Vorgang handelt. „Ihr Grün" ist eine Beschreibung, die ebenfalls noch nicht zugeordnet werden kann. Die erste Kernspaltung im 20. Jahrhundert bezeichnete Nostradamus als den „Bruch der weißen Steine". Später, als es mehr um Neutronen ging, sprach er von „grünen Kernen". Diese beiden Stellen lassen vielleicht entsprechende Rückschlüsse zu.

Weitere Details der neuen Energiequelle

Nostradamus muss von dem, was er in seiner Vision gesehen hat, sehr angetan gewesen sein, denn er widmet dieser bedeutendsten Erfindung des 21. Jahrhunderts besonders viel Text – ein Vorgehen, welches mit seinem System der Zeitordnung nicht leicht zu bewerkstelligen ist. Dies festigt die Vermutung, dass die neue Energiequelle den Menschen in den nächsten Jahrhunderten, womöglich Jahrtausenden von großem Nutzen sein wird. Im Jahre 2034 nimmt Nostradamus wieder Bezug auf die neue Errungenschaft. Aus entsprechenden Bemerkungen an anderen Textstellen kann man schließen, dass sich die Anlage in Frankreich befindet.

X. Centurie, Vers 34, Prophezeiung für das Jahr 2034:
Durch das derbe Pferd – Zeit der riesigen Gewölbe
Der Tatsachen wegen das Seltene lange Zeit wird eingezäunt sein

Von 2028 bis 2034 dauert es, die neue Anlage für die Energiegewinnung zu errichten. Dass dies eine relativ kurze Zeitspanne ist, könnte als Hinweis darauf verstanden werden, wie hoch bewertet die Umsetzung der theoretischen Erkenntnisse in die Praxis ist. Im 20. Jahrhundert bezeichnete Nostradamus Atomkraftwerke als „trojanische Pferde". Er signalisierte mit seiner Wortwahl, dass er dieses Energieversorgungsmittel nicht für unbedenklich hält. Das Pferd ist für ihn genauso wie der Begriff Wind ein Symbol der Kraft. Im Jahre 2034 bezeichnet er das Pferd als „derb". Dies be-

Das „trojanische Pferd" …

deutet, dass es sich um eine rohe Energie handeln muss, die noch gezähmt oder verfeinert werden muss. Das Bild gewinnt an Klarheit, wenn man die anschließende Zeile mit einbezieht: „Der Tatsachen wegen, das Seltene lange Zeit wird eingezäunt sein." Für die neue Energiequelle, mussten, wie Nostradamus es beschreibt, riesige Gewölbe errichtet werden, die aus Sicherheitsgründen gut gesichert und eingezäunt sein müssen.

Nostradamus hält noch weitere Details bereit. In Vers 44 schreibt er: Die „Bergkuppe ist Herz der Röhre und der tropfsteinartigen Materie." Man wird also einen Berg aushöhlen, in dem der eigentliche Energiegewinnungsprozess ablaufen will. Nur wenige Jahre vergehen, und Nostradamus beschäftigt sich erneut mit der neuen Methode der Energiegewinnung. Offenbar ist sie inzwischen verbessert worden.

X. CENTURIE, VERS 49, PROPHEZEIUNG FÜR DAS JAHR 2049:
Der Garten der Welt — nahe der neuen Stadt — es brennt
Auf dem Weg der Lüge — scharf ist die Gruft
Wird sein gepfändet und abwärts gerichtet in den Keller
Stärke des Windes durch die Kraft des entzündeten Schwefels

Der Vers legt nicht nahe, dass es in der Nähe der neuen europäischen Hauptstadt brennt, sondern deutet an, dass 2049 eine neue Anlage zur Energiegewinnung, vielleicht eine Art Energiepool, in Betrieb genommen wurde. An einer anderen Stelle schildert Nostradamus die neue Metropole, sagt, dass sie in einer Ebene liegt und dass die Regierung in einem spitzen, hohen Haus residiert. Schließlich ist es nahe liegend, dass die Hauptstadt als Erste mit der neuesten Technik ausgestattet wird. Dann beschreibt Nostradamus das Neuartige an dieser Anlage. „Auf dem Weg der Lüge" könnte bedeuten, dass ein Konstruktionsfehler oder eine Funktionsstörung dieser Anlage zu erwarten ist. Bei einem Atomunfall, den Nostradamus für das Ende des 20. Jahrhunderts in der Nähe von Lyon vorhersagt, spricht er ebenfalls davon, dass „Steine lügen". Damit will er zum Ausdruck bringen, dass sie sich nicht nach den Gesetzmäßigkeiten, die man von ihnen erwartet, verhalten. „Scharf ist die Gruft" ist möglicherweise die Beschreibung einer besonderen unterirdischen Einrichtung. In den Versen für das 20. Jahrhundert schimpft Nostradamus nicht darüber, dass Strom mittels Kernspaltung gewonnen wird, sondern darüber, dass man die Atommeiler nicht gänzlich unterirdisch gebaut hat. Bei der Entscheidung für oberirdische Anlagen spielte vor allem der Kostenfaktor eine Rolle. Rund 100 Jahre später werden unterirdische Anlagen zur Energiegewinnung selbstverständlich sein.

„Wird sein gepfändet" dürfte heißen, dass etwas abgeschöpft oder von jemandem etwas weggenommen wird. „Abwärts gerichtet in den Keller" beschreibt, dass etwas aus der Luft, aus dem Wasser, aus der Erdatmosphäre oder aus dem Kosmos entnommen und in die Produktionsstätte geleitet wird.

„Stärke des Windes durch die Kraft des entzündeten Schwefels"
ist ein Hinweis darauf, dass die Intensität der Energie offenbar
durch einen chemischen Prozess verstärkt wird. Das Wort „Schwe-
fel" ist hier wohl kaum wörtlich zu nehmen. Nostradamus will
wahrscheinlich ausdrücken, dass die Potenzierung auf chemi-
schem Wege erfolgt.

In einigen Jahren können Wissenschaftler mit dieser Bemerkung
sicherlich mehr anfangen.

Die Urformel der Schöpfung

Nach dieser ersten naturwissenschaftlichen Großtat, welche die
Gesellschaft mehr verändern wird, als alle bisherigen Weltanschauungen es jemals vermocht haben, wird es im Jahr 2054, so
ist es bei Nostradamus nachzulesen, die nächste absolute Sensa-
tion geben. Ziel ist diesmal die Urformel der Schöpfung.

X. Centurie, Vers 54, Prophezeiung für das Jahr 2054:
Geboren von dieser Welt – durch die aneinander gefügten Körper –
göttliches Geheimnis
Bei der zwei hochgestellt – durch sie traurige Neuigkeiten

Nostradamus beschreibt, dass ein Gerät auf der Erde gebaut wird,
welches ein neuer Typ Weltraumstation oder eine Weltraumsonde
zu sein scheint. Mit dem offenbar erst im Weltraum zusammen-
gesetzten Gerät, will die Menschheit dem Geheimnis der Schöpfung auf die Spur kommen, mithin also die Urformel der Schöpfung entschlüsseln.

„Bei der zwei hochgestellt" könnte die Beschreibung dafür sein,
dass diese Anlage zwischen zwei Weltraumstationen positioniert
ist. Denkbar wäre aber auch, dass die Apparatur in ein System mit
einer Doppelsonne geschossen werden muss. Das erwartete For-
schungsergebnis wird nicht die Bestätigung einer Theorie bringen, folglich handelt es sich um „traurige Nachrichten". Den
Theoretikern steht noch viel Arbeit bevor.

„Geboren von dieser Welt – durch die aneinander gefügten Körper"

In einigen anderen nun folgenden Versen beschreibt Nostradamus das Forschungsziel. Man kann nur spekulieren, welcher Sinn sich hinter seinen geheimnisvollen Worten verbirgt.

X. CENTURIE, VERS 55, PROPHEZEIUNG FÜR DAS JAHR 2055:
Die unglücklichen Knoten werden gefeiert werden
Darüber große Freude sein wird – aber das Ende ist unglücklich
Hochzeit mit dem schwarzen Meer wird ungnädig aufgenommen
Beide tot und das Schwarze ist sehr erbärmlich

Meiner Auffassung nach handelt es sich bei diesem Vers um die Beschreibung einer ersten Erforschung von so genannten „schwarzen Löchern". Von zentralem Interesse in diesem Zusammenhang sind Zeitphänomene, denen sich Nostradamus auch bereits im nächsten Vers zuwendet. Das Jahr 2056 scheint den eigentlichen Durchbruch in der Erforschung von schwarzen Löchern und Zeitphänomenen zu bringen.

X. Centurie, Vers 56, Prophezeiung für das Jahr 2056:
Der Nagel der Zeit stirbt – lebt im Getötetsein –
wie ein Baumstumpf

Das Phänomen des Lebens, welchem sich der Mensch beständig ausgesetzt fühlt, ist die Zeit. Das Phänomen Zeit stellt jedoch nicht die Regel dar, sondern eine Ausnahme, so wie ein Nagel, den man in ein Brett geschlagen hat, an dieser Stelle das Brett zu einer „Ausnahme" macht. Das Brett steht symbolisch für die Zeitlosigkeit oder besser für die Dauer, das heißt für die Zeit ohne Anfang und Ende. Da die Dauer unbegrenzt, die Zeit jedoch, wie jeder Mensch sie erlebt, begrenzt ist, kommt es zu der Erscheinung, dass die Zeit vergeht. Bei Nostradamus wird dies ausgedrückt mit den Worten: „Der Nagel stirbt." Wo aber bleibt die Zeit, wenn sie nicht mehr da ist? Sie lebt in der Vergangenheit, ist „getötet" oder, und das ist die zentrale Aussage des Verses, die Zeit lebt im Übergang zwischen zwei Dimensionen und ähnelt darin einem Baumstumpf: Die Wurzeln befinden sich im Erdboden, der verbliebene Stumpf in der Luft oder im offenen Raum. Etwa 150 Jahre vor diesen Bemerkungen zum Phänomen Zeit bemerkte Nostradamus im Zusammenhang mit Einsteins Relativitätstheorie: „Wird das Loch im Fell der Zeit entdeckt."

Die Eroberung des Weltraums

Ein Thema wird im 21. Jahrhundert eine besonders wichtige Rolle spielen: die Weltraumfahrt. Was sich heute erst langsam und mühevoll zu entwickeln beginnt, wird den Alltag der Menschen in der Zukunft mehr und mehr bestimmen. Ähnlich wie Kolumbus, der ebenfalls nicht wusste, welche Folgen seine Entdeckung haben würde, ist sich auch der heutige Mensch dessen nicht bewusst, welche Abenteuer, Kämpfe und Einzelschicksale er mit seiner Neugier auf das Universum auslöst.

Dabei wird die Eroberung des Weltalls jedoch vollkommen anders verlaufen als damals die Kolonialisierung Südamerikas,

Radioteleskope in New Mexico, USA

Asiens und Afrikas. Vielmehr werden die Erfahrungen mit dem Universum zu Weltanschauungskrisen führen, an deren Ende in etwa 500 Jahren ein ganz anderes Verständnis für Welt und All stehen wird. Im 21. Jahrhundert ist die Menschheit noch recht weit von dieser Entwicklung entfernt.

Erste Expeditionen ins All

Was einmal groß und bedeutend sein wird, beginnt klein und bescheiden. Eine der beiden Nationen, die heute bereits Erfahrungen mit der Raumfahrt haben, wird 2002 heimlich ein Weltraumunternehmen starten, um „vom Neuen zu kaufen", schreibt Nostradamus.

X. Centurie, Vers 2, Prophezeiung für das Jahr 2002:
Getarnte Galeeren segeln um vom Neuen zu kaufen
Die von hohem Rang werden sich von den Minderen trennen
Zehn Schiffe nähern sich dem Abstoßpunkt

Nostradamus sieht, dass Anfang des 21. Jahrhunderts die ent-
scheidenden Weichen für hoch und weniger technisierte Nationen
gestellt werden. Heimlich („getarnt") wird eine Expedition aus-
gerüstet, und zehn Raumtransporter schaffen das benötigte Mate-
rial heran. Aus dem Inhalt des Verses für das Jahr 2004 erfährt man,
wie das Unternehmen ablaufen wird.

X. Centurie, Vers 4, Prophezeiung für das Jahr 2004:
Hoch zur Mitternacht der Armeeführer
Wird sich retten − plötzlich ist er auserwählt bei 1
Sieben Jahre danach − die Seele wird nicht verflucht
Bei seiner Rückkehr man wird sagen − 1 Unze wo 10

Die erste Verszeile verwendet Nostradamus symbolisch für den
Weltraum. Aus dem weiteren Text kann geschlossen werden, dass
die erste Expedition mit technischen Schwierigkeiten zu ringen
haben wird. Dem Leiter der Expedition gelingt es laut Nostradamus, sich irgendwie zu retten und „bei I", also im Jahre 2011, auf
die Erde zurückzukehren. Wenn er nach sieben Jahren wieder in
seine Heimat gelangt, dann wird dort eine Hungersnot herrschen.

   Dass die Interpretation der vorangegangenen Verse richtig sein
dürfte, ist aus einer kleinen Anmerkung für das Jahr 2005 zu ersehen. Dann wird es möglich sein, mit der heutigen Technologie
den Mars zu erreichen. Vermutlich beschreibt also Nostradamus
diese erste Expedition zum Mars.

X. Centurie, Vers 5, Prophezeiung für das Jahr 2005:
Zu Füßen von hundert Sternen wird es eine neue Vereinigung geben
Neues Dürre − nichts Gutes für ihn − Grenze der Art

Die Sterne, die ihn umgeben, erlebt der Astronaut so, als lägen sie
ihm zu Füßen („zu Füßen von hundert Sternen"). Die „neue Dürre" könnte ein Bild für die Marsoberfläche sein. „Nichts Gutes für
ihn" ist ein Hinweis auf technische Schwierigkeiten und „Grenze
der Art" symbolisiert die Grenzen für menschliches Leben.

Ein Besuch auf der Venus

Bis etwa 2030 sieht Nostradamus keine weiteren Eroberungen im Weltraum voraus. Erst zum Ende des zweiten Jahrzehnts berichtet er von einer Expedition zur Venus.

X. CENTURIE, VERS 28, PROPHEZEIUNG FÜR DAS JAHR 2028:
Bericht von der Venus –
Fehler bei der 10 bringt Niedergeschlagenheit zurück

Begriffe wie „Bericht" oder „Protokoll" verwendet Nostradamus schon für das 20. Jahrhundert für die Übermittlung von Daten auf dem Funkweg. „Fehler" können in diesem Zusammenhang nur Stillstand und Neuorientierung bedeuten, darum sieht Nostradamus die Wissenschaftler und Techniker, die an diesem Projekt arbeiten, in niedergeschlagener Verfassung.

Die Fünfzigerjahre des 21. Jahrhunderts scheinen das „goldene Jahrzehnt der Wissenschaft" zu sein, denn Nostradamus weissagt, dass das ersehnte Vorankommen in der Weltraumfahrt ab 2057 möglich wird.

X. CENTURIE, VERS 57, PROPHEZEIUNG FÜR DAS JAHR 2057:
Das unter dem sich Erhebenden befindliche – nicht umsetzbare –
Zepter der Töne
Wird den Wissenschaften Jahre des Spiels gebären –
davon ganz große Ehrungen
Diejenigen welche sich machen eine bessere Art des Ballastes
Für ihre 5 Stöße – zum Sterben schwarze Fahnen erscheinen

Der Vers beschreibt ein Weltraumschiff und markiert zugleich den Beginn einer neuen Epoche, in deren Mittelpunkt die Entdeckungen im Universum stehen werden. Nostradamus schildert Start und Antrieb des Fahrzeugs, welches für die Wissenschaft von großem Nutzen sein wird. Das Konstruktionsgeheimnis dieses Raumschiffs liegt in der Zuladung, welche gleichzeitig eine Art unverbrauchbarer („nicht umsetzbar") Treibstoff ist. „5 Stöße" symbolisieren wohl die Aggregate. Dieser neuartige Antrieb hinterlässt schwarze Abgase („schwarze Fahnen"), also irgendwelche chemischen Rückstände.

Neue Techniken, Antriebe und Weltraumfahrzeuge werden in der Zeit zwischen 2050 und 2065 entwickelt. Der Antrieb der Raumfahrzeuge scheint etwas mit dem Prinzip der Teilchenbeschleunigung zu tun zu haben.

X. Centurie, Vers 58, Prophezeiung für das Jahr 2058:
Krieg der Könige – Zeit des Spiels – nicht des Ausströmens
Gekreische gallischer Väter – 100 schichten das Schiff
Versuche in der Grube der Wissenschaft gelingen –
Einvernehmen wird erhalten

Hier sind also „Gallier", wie Nostradamus die Franzosen gerne nennt, am Werk. Sie bauen ein besonderes Schiff, dessen Antrieb nicht auf dem Prinzip des Rückstoßes basiert wie etwa bei Raketen („Ausströmens"). Wenn sich Nostradamus gleich in mehreren Versen hintereinander mit der Weltraumfahrt beschäftigt, dann bedeutet dies, dass eine wichtige Phase in deren Entwicklung begonnen hat. Das Jahr 2058 steht für den Wettkampf mehrerer Nationen um den Fortschritt in der Weltraumtechnik. „Zeit des Spiels – nicht des Ausströmens" ist ein Hinweis auf den Test neuer Triebwerke. Auch die Franzosen mischen in diesem Wettkampf mit („schichten das Schiff"). „In der Grube der Wissenschaft" deutet auf Teilchenbechleunigung hin.

Leben auf fernen Planeten entdeckt!

Im nächsten Vers befasst sich Nostradamus wiederum mit dem Antrieb. Offenbar ist es gelungen, Energie für die Dauer von vier Jahren zu binden.

X. Centurie, Vers 59, Prophezeiung für das Jahr 2059:
Für vier Jahren entsteht gefesselter Wind –
der Kopf tötet die nicht atmen

Fünf Staatsbürger der Luft – Hände drücken – dort Einweihung
Abreise unter edler Führung steht bevor – lange Schleppe
Und man entdeckt Grünes – Parabolisches der Masse – Zeit der Einweihung

Meiner Auffassung nach lässt sich der Inhalt des Verses folgendermaßen erklären. Die „fünf Staatsbürger der Luft" sind fünf Nationen, die sich in der Raumfahrt engagieren und eine Vereinbarung treffen („Hände drücken"). Die „Einweihung" ist in beiden Fällen mit wissenschaftlicher Forschung identisch. „Abreise unter edler Führung steht bevor" weist auf den Abflug der Wissenschaftler mit einem sehr lang gestreckten Raumschiff („lange Schleppe") hin. „Man entdeckt Grünes" heißt natürlich, dass in einem fernen Planeten- oder Sonnensystem Leben beziehungsweise Vegetation aufgespürt wird. Das „Parabolische der Masse" ist mit dem physikalischen Verhalten der Masse gleichzusetzen.

Die nächste Expedition, die Nostradamus erwähnenswert erscheint, wird zehn Jahre später gestartet.

X. Centurie, Vers 68, Prophezeiung für das Jahr 2068:
Dann Abfahrt ohne Luft – langes Gehen
Die Einwohner großen Raub begeben in dem sie die Erde nehmen werden
Zurückgekehrt – 100 werden zurückgelassen – Großes auf Anhieb

Nostradamus beschreibt eine Reise ohne Luft, also eine Weltraumexpedition, die schon etwa zehn Jahre vorher begonnen hat. „Langes Gehen" heißt, dass die Astronauten lange unterwegs sind. Die Expedition ist ein großer Erfolg, denn es gelingt die Besetzung eines Planeten, welcher der Erde ähnelt. 100 Teilnehmer der Mission verbleiben am Zielort. „Großes auf Anhieb" ist bei Nostradamus oft als Hinweis darauf zu verstehen, dass man unbekannte Dinge entdecken wird. Und tatsächlich schreibt Nostradamus in Vers 69 von einem neuen Mond.

X. Centurie, Vers 69, Prophezeiung für das Jahr 2069:
Beginnn der Tatsache des neuen Mondes – Altes erwacht

Für das Jahr 2074 weissagt Nostradamus, dass zahlreiche Teilnehmer einer neuerlichen Weltraumexpedition an einer Infektion sterben werden.

Doch kaum 20 Jahre später wird ein neuerlicher Versuch gestartet.

X. Centurie, Vers 93, Prophezeiung für das Jahr 2093:
Das neue Schiff wird brennend seine Reise aufnehmen
Dort und in der Nähe wird das Reich umgestaltet werden
In das Fell 100 haben gebohrt – Rückgewinnung der Beherbergung
Nahe zweier Kolonien wird gefunden werden Zerriebenes

Diesmal macht man sich unter Verwendung eines neuen Treibstoffs offenbar auf den Weg, um die neuen Besitzungen zu sichern. Die alte Weltraumkolonie auf dem Planeten ist, so lässt die Formulierung des Nostradamus vermuten, durch den Einschlag von Meteoriten oder anderer Fremdkörper unbewohnbar geworden, und die Schäden müssen repariert werden.

Raumfahrt gegen Ende des 21. Jahrhunderts

Auch gegen Ende des 21. Jahrhunderts wird die Weltraumfahrt noch immer nach dem Prinzip von Versuch und Irrtum betrieben. Man lernt aus technischen Fehlern und menschlichem Versagen. Erst rund 40 Jahre später, im Jahre 2201, geht Nostradamus im Zusammenhang mit der Konstruktion und Stationierung einer künstlichen Sonne auf einer Erdumlaufbahn indirekt wieder auf die Weltraumforschung ein.

Diesmal beschreibt er in der typischen Weise, dass eine neue Mathematik entdeckt und gefeiert wird.

I. Centurie, Vers 1, Prophezeiung für das Jahr 2101:
Die Lampe erlischt weil sie das Bett der Sonne des Deutschen verlässt
Die Tatsache entwickelt sich die die nicht 100 ergibt –
der König ist wieder nutzlos

Wer der „Deutsche" ist, darüber kann man heute nur spekulieren. Damit könnte eine neue Größe in den Naturwissenschaften gemeint sein, genauso gut aber wäre das Wort auch als Anspielung auf Einstein denkbar. In einigen Jahren, wenn die technische und wissenschaftliche Entwicklung weiter vorangekommen ist, wird man mehr wissen und die Voraussagen des Nostradamus vielleicht schon besser verstehen und interpretieren können.

Somit ist das Ende des Streifzugs durch das 21. Jahrhundert im Hinblick auf die großen Entwicklungen erreicht. Erfindungen oder sonstigen technischen Fortschritt erwähnt Nostradamus nur dann, wenn sie die Geschichte der Menschheit verändern oder andere Entwicklungen fördern. Man darf nicht vergessen, was bereits mehrfach im Zusammenhang mit der zeitlichen Zuordnung der Verse erwähnt wurde: Nostradamus mag vieles in der Zukunft gesehen haben, aber er musste sich für wenige Ereignisse entscheiden, die er lediglich schlaglichtartig beleuchten konnte, denn ihm stand nur der Raum für 140 bis 150 Anschläge pro Vers und Jahr zur Verfügung.

Die Länder im 21. Jahrhundert

Die Länder Europas

Deutschland

Es liegt auf der Hand, dass man sich als Deutscher wünscht, Nostradamus möge besonders viel über Deutschland im 21. Jahrhundert niedergeschrieben haben.

Doch Nostradamus war kein Prophet der Deutschen, sondern Südfranzose oder Gallier, wie er gelegentlich seine Landsleute in seinen Prophezeiungen nennt. Paris und Nordfrankreich empfand Michel de Notredame im Grunde genommen noch als Ausland, denn lang lag die Zeit noch nicht zurück, als der Status des Languedoc und der Provence noch mehr dem von selbstständigen Staaten glich.

X. Centurie, Vers 17, Prophezeiung für das Jahr 2017:
Die Königin wird erwählt – die Sterne sehen ihre Insel verletzt
Durch ein Bedauern im Osten – Schaden eingezäunt
Wehklagende Schreie werden infolgedessen die Engel erzürnt haben
Und in Deutschland – Hochzeit ist ausgesetzt

Als ich die letzte Zeile dieses Verses für das Jahr 2017 in den Achtzigerjahren zum ersten Mal las, musste ich sofort an die Wiedervereinigung Deutschlands denken. Mein zweiter Gedanke war, dass es nach 1990 vielleicht noch einmal zu einer politischen Spaltung zum Beispiel innerhalb der Europäischen Union und später zu einer erneuten Vereinigung kommen könnte.

Heute weiß ich, dass man die Botschaft dieses Verses tatsächlich wörtlich nehmen muss: Deutschland wird als erstes Land der westlichen Hemisphäre die Ehe abschaffen. Diese staatlich sanktionierte Institution ist im Grunde genommen eine reine Glaubens- oder Weltanschauungssache, auch wenn sie im Grundgesetz der Bundesrepublik festgeschrieben ist. Aber Weltanschauungen und auf ihnen aufbauende Gesetze können sich ändern.

Bewusst wurde diese, für viele Menschen bedenkliche Entwicklung erst an dieser Stelle erwähnt, nachdem das Thema Gesundheit und Medizin im 21. Jahrhundert bereits abgehandelt wurde. Ich halte es für durchaus denkbar, dass Deutschland bereits in 30 Jahren eine erste Weichenstellung in Richtung erhöhte Lebenserwartung erleben wird.

Wenn die Versorgung mit allem Lebensnotwendigen vom Staat gewährleistet ist, dann denkt man ganz anders über Renten und Altersversorgung. Mütter sind dann nicht mehr auf den Vater der Kinder als Versorger der Familie angewiesen. Zum Ende des 21. Jahrhunderts spricht Nostradamus von der Vereinigung der „siegreichen Mütter" (X. Centurie, Vers 96). Wer im Geiste durch das nächste Jahrhundert streift, sollte darauf gefasst sein, dass es zu vielen heute noch undenkbaren Veränderungen kommen wird.

Wenn ich nicht absolut sicher wäre, dass die von mir entdeckte Zeitzuordnung der Verse des Nostradamus richtig ist, müsste ich bei dem folgenden Text für das Jahr 2051 auf die neuen Bundesländer in ihrer heutigen Situation schließen. Doch wer den Vers näher analysiert und ihn mit anderen aus der gleichen Epoche vergleicht, der merkt, dass er nicht für Deutschland am Ende dieses Jahrhunderts geschrieben worden sein kann.

X. Centurie, Vers 51, Prophezeiung für das Jahr 2051:
Von den Orten die viel weniger vom Reichtum besitzen
Geht die Grundlage für die Vereinigung der Deutschen aus
Durch diejenigen vom Sitz an der Spitze – die schwarze Kunst wird
für 1000 Jahre ausgemerzt – 1000 haben sich eingeweiht
Und für 10 mal 100 Jahre alles wird sich wieder vereinigt haben

Dem Staat Deutschland, wie auch immer er dann geographisch beschaffen sein wird und welche Völker in ihm wohnen, wird laut Nostradamus eine neue Rolle in der Weltgeschichte zufallen.

Nach einem großen Schicksalsschlag, der Europa bevorsteht, werden sich auf dem Territorium Deutschlands Menschen sammeln („von den Orten die viel weniger vom Reichtum besitzen") und einen neuen Staat gründen („Vereinigung"). Gesteuert wird diese Entwicklung von der bereits mehrfach erwähnten neuen Hauptstadt Europas aus, die in einer Ebene liegt und ein spitzes Regierungsgebäude aufweist. Was mit der „schwarzen Kunst" gemeint sein könnte, lässt sich zurzeit nicht sagen. Sicher dürfte jedoch sein, dass sie nichts mit der schwarzen Magie zu tun hat, sondern vielmehr auf eine Politik hinweist, die aus egoistischen Motiven betrieben wird, nun jedoch ausgemerzt ist.

Scheinbar steht der Vers für den Versuch in jener Zeit, einen Idealstaat zu schaffen, der auf der Basis von klösterlichen Gemeinschaften funktionieren wird. Überschaut man die Entwicklung der nächsten 300 Jahre, dann ist zu erkennen, dass eine Art europäischer Staatenverbund einzelnen Regionen klar umrissene Aufgaben zuweist. In diesem Zusammenhang wird dem Territorium des heutigen Deutschlands die Aufgabe der Pflege von Geisteswissenschaften und Weltanschauungsfragen zufallen. Frankreich soll zum Zentrum für Naturwissenschaft und Forschung werden, und die Menschen werden hier vorwiegend ihren mittleren Lebensabschnitt verbringen. Dort, wo sich heute die skandinavischen Länder befinden, wird wegen des besonders angenehmen Klimas – Nordafrika und der Mittelmeerraum sind für Europäer aufgrund der großen Hitze inzwischen unbewohnbar geworden – der erste Lebensabschnitt verbracht. Es würde gut ins Bild passen, wenn Deutschland als Region für Alter und Lebensabend ausersehen wäre.

Frankreich

Ob es die Abneigung gegen seine Landsleute im Norden war oder ob es einen anderen, bisher nicht bekannten Grund dafür gibt, jedenfalls verwendet Nostradamus das Wort „France" weder in dieser noch in einer anderen Schreibweise in seinen Prophezeiungen für das Frankreich des 21. Jahrhunderts. Dabei lässt das Wort „France" ein so hübsches Wortspiel zu, welches vermutlich auf den Freund des Nostradamus, auf François Rabelais, zurückgeht. Vordergründig könnte es natürlich das Reich Franz I. bezeichnen, aber spöttisch gemeint bedeutete es, dass F(Frankreich) rance (ranzig) war. Rabelais fiel am französischen Hof in Ungnade, weil er das dritte Buch seines Romans, dessen erster Teil 1533 unter dem Titel „Les horribles et espoventables faictz et prouesses du très renommé Pantagruel" und dessen zweiter Teil ein Jahr später als „Vie inestimable du grand Gargantua, père de Pantagruel" erschienen war, nicht wie bisher unter dem Pseudonym Alcofrybas Nasier, sondern 1546 unter seinem eigenen Namen veröffentlichte. Enthalten waren zahllose bissige und kritische Bemerkungen über die 32 Jahre (1515 bis 1547) während Regierungszeit Franz I., in deren Verlauf so manches im Königreich „ranzig" geworden war.

Nostradamus greift, wenn er Frankreich meint, häufiger auf den Begriff Gallier zurück, die er aber in den Süden seines Heimatlands verlagert. Seine nordfranzösischen Landsleute bezeichnete er als Normannen oder auch als Kelten.

X. Centurie, Vers 34, Prophezeiung für das Jahr 2034:
Gallier welche herrschen durch den Krieg der Besetzung
Durch den schönen Ton − Arme Brüder werden verraten
Durch das derbe Pferd − Zeit der riesigen Gewölbe
Der Tatsachen wegen das Seltene lange Zeit wird eingezäunt sein

Für das Jahr 2034 teilt Nostradamus mit, dass die „Gallier" noch immer unter der Last leiden, den Islam abwehren zu müssen, der im 20. Jahrhundert durch die französischen Kolonien ins Mutterland Frankreich importiert worden war.

Außerdem sah Nostradamus das Frankreich des 21. Jahrhunderts als Zentrum der Energiegewinnung („Zeit der riesigen Gewölbe"), welches vor Terrorakten („das Seltene lange Zeit wird eingezäunt sein") geschützt werden muss. Erinnert sei daran, dass etwa zu dieser Zeit eine neue Energiequelle entdeckt wird, die Strom unbegrenzt und zum Nulltarif erzeugt und durch die sich das Leben auf der Erde grundsätzlich ändern wird.

England

Auch für die Briten hat Nostradamus einen Vers für das 21. Jahrhundert hinterlassen. Hierzu muss man jedoch wissen, dass Nostradamus England und Amerika stets wie ein Land sah, welches jedoch zweigeteilt ist. Aus dem folgenden Vers geht hervor, dass England nach der großen Katastrophe von 2011 von den USA bevormundet wird.

X. Centurie, Vers 66, Prophezeiung für das Jahr 2066:
Der Herr von London −
eingesetzt durch die Regierung der reichen Seelen Amerikas
Über die Insel die sich mit den Hörnern stößt herrscht −
das Zeitalter ist durch Gefrieren geprägt
Der König der Wiedertäufer einen großen Fehler gegenüber dem Antichrist macht
Dadurch dass sie alles in die aussätzigen Seelen investieren werden

Die „Insel, die sich mit den Hörnern stößt" könnte Grönland oder Island sein. Ich halte Grönland für wahrscheinlicher, da die Ergänzung „ist durch Gefrieren geprägt", auf eine Landschaft hinweist, die immer oder lange Zeit im Jahr unter Eis verborgen ist. Denkbar wäre jedoch auch, dass auf eine Klimaerscheinung im Jahr 2066 hingewiesen wird.

Beim „König der Wiedertäufer" muss es sich um den amerikanischen Präsidenten handeln. Ein großer Prozentsatz der amerikanischen Bevölkerung zählt sich selbst zu den Wiedertäufern, zu den Baptisten. Und wie steht es mit dem englischen Königshaus?

X. Centurie, Vers 17, Prophezeiung für das Jahr 2017:
Die Königin wird erwählt – die Sterne sehen ihre Insel verletzt

Sieht man sich heutzutage die Thronfolge in Großbritannien an, dann ist keine weibliche Thronanwärterin mit realistischen Ansprüchen auszumachen. Dennoch sagt Nostradamus den Briten nach dem nächsten großen Krieg die Wahl einer Königin voraus.

Doch für diese Königin sieht es nicht sehr gut aus. In England entwickelt sich eine politische Situation, die entweder zur Abwahl der 2017 gewählten Königin oder aber zur Abschaffung der Monarchie führen wird. Nostradamus sah und schrieb:

X. Centurie, Vers 36, Prophezeiung für das Jahr 2036:
Durch Tyrannei auf der Insel wird der Wechsel herbeigeführt

Den Worten des 90. Verses zufolge, scheint Großbritannien zum Ende des 21. Jahrhunderts ein Tyrann oder Diktator bevorzustehen, der sich lange Zeit halten wird.

X. Centurie, Vers 90, Prophezeiung für das Jahr 2090:
Hundertmal sterben wird der unmenschliche Tyrann
An seinen Platz gestellt – versiegelt und gutmütig geworden
Der ganze Senat wird sein unter seiner Hand
Gekennzeichnet wird er sein durch Schlauheit und Waghalsigkeit

Das Kapitol, das amerikanische Parlamentsgebäude in Washington

Auf den ersten Blick hat es den Anschein, als ob dieser Tyrann ein grausames Ende zu erwarten hat: „Hundertmal sterben wird der unmenschliche Tyrann." Doch hat sich die Medizin ja inzwischen so weit entwickelt, dass eine Lebensdauer von mehreren 100 Jahren möglich geworden ist. Der Diktator vermag also lange Zeit mit seinen Ersatzorganen sein Unwesen weiter zu treiben.

Nostradamus verfolgte diesen Mann offensichtlich bis zu seinem endgültigen Ende. Zunächst sieht er ihn als Tyrann in voller Körperkraft. Dann, mit Ersatzorganen „versiegelt", wird er gutmütig werden, aber weiter regieren wollen und können, denn er beherrscht das Parlament („Der ganze Senat wird sein unter seiner Hand"). Erst 350 Jahre später wird man das schlaue und wagemutige Gehirn des Tyrannen außer Funktion setzen können. Trotz vieler vorheriger Versuche, die alle misslingen, glückt es dann endlich, den „Nagel des Sterbens" wieder einzuschlagen.

Italien

Für Italien bedeutet laut Nostradamus das kommende Jahrhundert Tragödie und das Ende einer fast 3000-jährigen kulturellen Entwicklung.

X. CENTURIE, VERS 60, PROPHEZEIUNG FÜR DAS JAHR 2060:
Ich weine Nizza — 1000 Jahre byzantinischer Handel entwickelt sich
Sein nein — keine Wissenschaft —
dies ist der Gestank der Art und Weise des Bösen
Das was unter den Engeln ist und das Schwert der Faulheit das entstanden ist
Hat die Erde erschüttert — unglückliches Wasser des Extrems

Was Nostradamus hier beschreibt, ist entsetzlich. Italien wird zu einem mohammedanischen Land.

Zum einen werden die Italiener ihre Heimat freiwillig verlassen, weil es allmählich verdorrt und zur Wüste wird.

Zum anderen drängen die Menschen aus Nordafrika in den Norden hinein, weil für sie das Klima in ihren Ländern ebenfalls unerträglich wird. Die Neuankömmlinge bringen ihren Lebensstil und ihre Kultur mit.

Die beiden folgenden Verse beschreiben, ohne etwas zu beschönigen, wie man sich den Umbruch vorzustellen hat, und bedürfen keines Kommentars.

X. CENTURIE, VERS 64, PROPHEZEIUNG FÜR DAS JAHR 2064:
Weine 1000 Jahre — weine Mailand —
Licht über die Verdienste deiner Vorfahren
Wenn dein großer Herzog auf den Wagen steigen wird
Wechselt der Sitz nahe Venedig — von außen kommt etwas dazu
Dann wenn die Kolonne sich Rom zuwendet

X. Centurie, Vers 65, Prophezeiung für das Jahr 2065:
O mächtiges Rom – dein Untergang nähert sich dir
Nichts von deinen Mauern – von deinem Blut – von deiner Substanz bleibt
Überdrüssig der Vorbereitung – Verträge –
Zeit in der Schreckliches geschehen wird
Scharfe spitze Eisen der Luft werden gegen alles gerichtet
bis nichts mehr da ist

In den darauf folgenden 500 Jahren werden Rom und Italien mohammedanisch bleiben. Erst um 2550 wird der „Antichrist", wie ihn Nostradamus nennt, seine Wirkung verlieren.

Spanien

Spanien hingegen wird im 21. Jahrhundert aufsteigen. Die Erklärung, die Nostradamus hierfür gibt, ist einfach. Viele Menschen, wie er sagt, mit klarem Verstand werden sich rechtzeitig vor der Katastrophe des Jahres 2011 in den Süden Europas retten und vor allem nach Spanien ziehen. Diese Wanderbewegung zieht eine schlagartige Verbesserung der Infrastruktur nach sich, die für Spitzentechnologie, Entwicklung und Forschung eine unverzichtbare Voraussetzung ist. Trotzdem vergehen fast 50 Jahre, bis sich Spanien zur neuen europäischen Großmacht entwickelt.

X. Centurie, Vers 81, Prophezeiung für das Jahr 2081:
Der Schatz wird in den Tempel der Bewohner Spaniens gelegt
Vier Jahre dasjenige zurückgezogen am geheimen Ort ist
Der Tempel öffnet sich den Orten der Seelenvereinigung
Wiedererlangt erfreuen sich zwei Könige des Wassers an 1000 Orten

Was Nostradamus hier mit dunklen Worten beschreibt, ist die heimliche Arbeit an den Grundalgen und an der Umsetzung einer Erfindung in wirtschaftliche Vorteile („erfreuen sich zwei Könige"). Da er die Zukunft Spaniens relativ ausführlich protokolliert, kann man davon ausgehen, dass es sich nicht nur um eine kurzzeitige Blüte handelt.

Es gibt keinen Spielraum für Interpretationen. Die Spanier werden im 21. Jahrhundert allen anderen Europäern von Portugal bis zum Ural überlegen sein. Dieses „spanische Zeitalter" wird bis in das 22. Jahrhundert andauern.

X. Centurie, Vers 86, Prophezeiung für das Jahr 2086:
Wie ein Geier wird kommen der König Europas
Begleitet von demjenigen von Aquilon – den ersten den man schon hat

X. Centurie, Vers 95, Prophezeiung für das Jahr 2095:
In vier Jahren wird in Spanien ein sehr mächtiger König kommen
Plötzlich über dem Meer und der Erde Großes aus dem Süden

Diese beiden Verssegmente zeigen, dass Spanien seine Vorrangstellung weniger militärischer Präsenz verdankt, sondern vielmehr seinen neuen Wegen, Methoden und Arbeitstechniken in Forschung und Entwicklung. Zogen einst Spanier aus, um Kolonien zu erobern, so kehren nun Menschen auf dem See- und Landweg nach Spanien zurück, um dort an dem „Großen" teilzuhaben.

Die Länder Asiens

Nostradamus hat Länder wie China, Japan, Indien und so fort nie namentlich erwähnt. Ich habe jedoch den Eindruck, dass er die Farbe „golden" zumindest für China und Japan und darüber hinaus für alle Menschen mit „gelber Hautfarbe" benutzt. Erstmals taucht der Begriff in einem Vers Anfang des 21. Jahrhunderts auf.

X. Centurie, Vers 3, Prophezeiung für das Jahr 2003:
Bei Zehn Murren – Hilfe kommt von den Goldenen
Speichelleckerei vor dem Stuhl – die Goldenen werden verlassen sein

„Golden" also könnte auf die Hautfarbe zurückzuführen sein. Vielleicht aber auch auf die gelben Kutten der Mönche oder auf vergoldete Tempel und Pagodendächer.

Nach 2010 beobachtet Nostradamus eine ausgesprochen unzufriedene Stimmung in der europäischen Bevölkerung. Doch er geht nicht näher darauf ein. Um eine Unzufriedenheit über die wirtschaftlichen Zustände kann es sich nicht handeln, weil die erste Dekade im 21. Jahrhundert von allgemeinem Wohlstand geprägt ist. Meiner Ansicht nach beschreibt Nostradamus die hochgradige Erregung über Entscheidungen oder Zustände im Vatikan („vor dem Stuhl"). In dieser Situation wird man versuchen, die Gläubigen aus dem Fernen Osten heraus zu beruhigen. Doch eine tatsächliche Lösung ist nicht zu erwarten, und es bleibt alles beim Alten. Der Anfang der weltlichen Katastrophe zwischen 2011 und 2014 wird möglicherweise durch geistliche Auseinandersetzungen eingeleitet. Nach dem großen Konflikt kommt es laut Nostradamus ab 2018 zu einer Neuverteilung des eurasischen Kontinents.

X. Centurie, Vers 18, Prophezeiung für das Jahr 2018:
Die Luft die goldenen Engel – Zeit des Verkaufs der Plätze
Das Hohe wird tief stürzen und das Niedere wird erhöht

Der Anfang der weltlichen Katastrophe?

Nostradamus sagt nach der Katastrophe die Lufthoheit Chinas vielleicht auch Japans voraus. „Zeit des Verkaufs der Plätze" ist die einzige Bemerkung, die sich entweder auf die Landaufteilung zwischen dem Fernen Osten und Europa oder den Verkauf an Privatleute bezieht. Es sei daran erinnert, dass ein ungeheures Vermögen in private Hände gelangen wird. Ab 2018 beginnt der Landverkauf.

Erst 80 Jahre später prophezeit Nostradamus dem „Osten" – ich glaube, er meint den Fernen Osten –, der eine gemeinsame Grenze zu Europa, und somit zu Spanien irgendwo hinter dem Ural hat, dass er Fehler machen wird.

X. Centurie, Vers 94, Prophezeiung für das Jahr 2094:
Versagen im Osten durch Unterlassung – nicht Lebensgefahr
Nicht gehorcht alles dem Diktat Spaniens
Bei der 10 Vollgestopftes – um die große Bedingung zu erfüllen
Sechs entkommen – in engelhafter Kleidung

Spanien wird seine Vormachtstellung keineswegs unumschränkt ausüben, dies ist aus dem Vers für 2094 klar ersichtlich. Das Wort „Vollgestopftes" scheint mir mehr auf ein bevölkerungstechnisches Problem hinzuweisen. Durch hohe Lebenserwartung wird der Platz in der Nähe der größten Wohltatenspender knapp.

Zum Abschluss noch ein kurzer Blick auf Amerika, dem Nostradamus bis 2250 praktisch die Weltherrschaft vorhersagt.

Im 21. Jahrhundert ist diese Tendenz noch nicht eindeutig zu erkennen.

Mächte und Massen im 21. Jahrhundert

Wer bestimmt die Geschichte der Menschheit?

Eine gute Methode, um einen Einblick ins 21. Jahrhundert zu gewinnen, besteht darin, die Gestalten zu betrachten, die Nostradamus nicht durch ihre Namen, sondern durch ihre hervorstechendsten Eigenschaften charakterisiert. Die wenigsten dieser Gestalten, die nun hervorgehoben werden sollen, sind heute bereits geboren. Und doch könnte der Prophet aus Salon-de-Provence sie bereits vor bald 450 Jahren „sehen". Wie wird dieses Phänomen jemals zu erklären sein?

In den ersten 40 Jahren des kommenden Jahrhunderts begegnen dem Leser der „großen Prophezeiungen" des Nostradamus:

X. Centurie, Vers 9: Die „durchtriebene Frau"
X. Centurie, Vers 11: Der „Bärtige"
X. Centurie, Vers 15: Der „alte Führer"
X. Centurie, Vers 17: Die „erwählte Königin der Insel"
X. Centurie, Vers 27: Der „große Gewaltige"
X. Centurie, Vers 27: Der „Lügenkerl"
X. Centurie, Vers 36: Der „besorgte König"
X. Centurie, Vers 38: Die „fröhliche Liebe"
X. Centurie, Vers 40: Der „Einfältige"

Im zweiten Drittel des nächsten Jahrhunderts beschreibt Nostradamus die Mächtigen, die den Lauf der Geschichte der Welt verändern werden, wie folgt:

X. Centurie, Vers 41: Die „Runde der Drei, die den Kopf
                        gebrauchen"
X. Centurie, Vers 42: Der „menschliche Herrscher der Engel –
                        Liga"

X. CENTURIE, VERS 45: Die „Witwe", die bereit ist, „den
                      Krummbeinigen zu lieben"
X. CENTURIE, VERS 45: Der „goldene König"
X. CENTURIE, VERS 46: Der „Braune"
X. CENTURIE, VERS 47: Der „große Prälat des Löwen"
X. CENTURIE, VERS 53: Die „drei Glatzköpfigen"
X. CENTURIE, VERS 62: Der „Herold der Zimperlichen"
X. CENTURIE, VERS 66: Der „Herr von London"
X. CENTURIE, VERS 66: Der „König der Wiedertäufer"
X. CENTURIE, VERS 75: Der „Engel des großen Hermes"

Die Geschichte des letzten Abschnitts des nächsten Jahrhunderts
wird durch Persönlichkeiten bestimmt werden, die Nostradamus
benennt als:
X. CENTURIE, VERS 80: Der „Schwarze"
X. CENTURIE, VERS 85: Der „alte Tribun"
X. CENTURIE, VERS 86: Der „Geier, König von Europa"
X. CENTURIE, VERS 90: Der „unmenschliche Tyrann"
X. CENTURIE, VERS 91: Der „Chef der Esel"

Manche dieser von Nostradamus so fantasievoll charakterisier-
ten Persönlichkeiten werden die Leser dieses Buches noch miterleben. Dann werden sie selbst beurteilen können, ob der französische Seher Recht hatte. Vielleicht denken sie, wenn sie dem „Bärtigen" oder dem „Lügenkerl" auf der Weltbühne begegnen, an
dieses Buch zurück. Alt zu werden ist, wie bereits mehrfach anhand von Nostradamus-Versen gezeigt wurde, ab der zweiten
Hälfte des nächsten Jahrhunderts kein Problem mehr, vorausge-
setzt, man überlebt bis zum Jahr 2035. Hingegen ist es das Problem des 22., 23. und 24. Jahrhunderts, alt zu sein.

Welche Nationen werden tonangebend sein?

Abgesehen von den erwähnten Persönlichkeiten, sind es vor allem die gesellschaftlichen Veränderungen, die das 21. Jahrhundert entscheidend prägen. Sie erst ermöglichen es Gestalten wie dem „besorgten König", dem „Herold der Zimperlichen" oder dem „Chef der Esel", eine Rolle in der Geschichte zu spielen. Doch spielen sie keineswegs immer die Rolle des „Weltführers".

Die Weltherrschaft, daran lässt Nostradamus keinen Zweifel, wird für 300 Jahre Amerika zufallen. Folglich werden von dort aus einige Persönlichkeiten auf die Bühne der Weltpolitik drängen. Auch die Europäer, vor allem die „Leute von Genf" und später die Spanier, die dann Europa vom Nordkap bis nach Gibraltar und vom Atlantik bis hinter den Ural beherrschen, werden für das Weltgeschehen von großer Bedeutung sein. Wie kommt es, wird man sich fragen, dass gerade Spanien in der Zukunft bestimmend sein wird, da doch dieses Land heute in der Europäischen Gemeinschaft eine eher untergeordnete Rolle spielt?

Es wurde bereits darauf hingewiesen, dass den europäischen Ländern nördlich der Alpen, ausgelöst durch eine Katastrophe, die nicht näher erklärt wird, die jedoch ab 2011 ihren Lauf nehmen wird, der wirtschaftliche, industrielle und politische Zusammenbruch bevorsteht. Gestützt auf die elf katholischen Staaten Südamerikas, schafft es Spanien als erstes europäisches Land, wieder zu einem hochtechnisierten Standard zurückzufinden.

Wie gesagt wird Amerika, dann werden es die Vereinigten Staaten von Nord- und Mittelamerika sein, auch noch die nächsten 300 Jahre eine bestimmende Funktion übernehmen. Um den nachfolgenden Text zu verstehen, muss man wissen, dass der Begriff „Engel" von Nostradamus für „fliegende Menschen" verwendet wird. Wenn er demnach von einem „Engelland" spricht, dann meint er ein Land, welches die „Lufthoheit" besitzt. Der Begriff „Engelland" lässt einen zunächst an Großbritannien denken. Doch Nostradamus meint die USA, denn dies ist der Staat, der in Zukunft die Lufthoheit innehaben wird.

IX. Centurie, Vers 100, Prophezeiung für das Jahr 2000:
Die große Herrschaft wird durch das Engelland errichtet
Dem zweifach ungeschickten Geist für mehr als 300 Jahre

Nostradamus „sieht" dieses „Engelland" zweigeteilt. Es setzt sich aus den heutigen USA und aus Großbritannien zusammen. Der Vers erwähnt jedoch nicht, dass Großbritannien im Verlauf des nächsten Jahrhunderts mehr und mehr von den Vereinigten Staaten von Amerika abhängig wird. Kanada und die mittelamerikanischen Staaten werden schließlich ebenfalls diesem Staatenbund angehören.

Als Leser der „großen Prophezeiungen" muss man sich dessen bewusst sein, dass Nostradamus England nicht mochte. Unter dem König Heinrich VIII. war das Land zu den Lebzeiten des Sehers von der römischen Kirche abgefallen. Zahlreiche geheime Operationen, an denen zum Teil auch Michel de Notredame beteiligt war, hatten das Ziel, England wieder in den Schoß der Mutterkirche zurückzuführen. Doch alle Versuche, dieses Ziel zu erreichen, waren zum Scheitern verurteilt.

Es war jedoch nicht nur die in seinen Tagen aktuelle negative Meinung von England, die ihn über das Land schlecht denken ließ. Mit Sicherheit war er beeinflusst durch die Dinge, die er in Englands Zukunft „sah". Welche folgenschweren Ereignisse es sein mögen, die den Seher zu seiner Haltung veranlassen, ist noch nicht recht klar. Jedenfalls wird es England im Gespann mit den künftigen USA durch den gemeinsamen Vorsprung in der Weltraumtechnik schaffen, sich die Weltherrschaft zu sichern.

Die Weltmächte der Zukunft

In dem Vers für 1945 nennt Nostradamus die USA noch „den Senat der höllischen Brandopfer" und bezieht sich damit auf die Tatsache, dass die USA als erste Nation Atomwaffen gegen Menschen eingesetzt haben. Doch wie sah er diesen Staatenbund in der vor uns liegenden Zeit?

Um das Jahr 2300 bringt Nostradamus die USA mit einem weiteren „schwarzen" Ereignis in Zusammenhang. Er verflucht das Land, weil es um „der Bequemlichkeit willen" auf frevelhafte Weise in die Schöpfung eingreift. „Die indischen Freunde, welche die Bequemlichkeit lieben", haben sich „ein schwarzes, kraushaariges Tier" durch Training und, ich würde sagen, durch Genmanipulation als Dienstboten gezüchtet, um es für sich als Arbeitskraft einzusetzen. Weil der Mensch die Kontrolle über seine Schöpfung verliert, kommt es in der Folge zu unübersehbaren Problemen, die schließlich dazu führen, dass die Menschen den Planeten verlassen müssen.

Alle Menschen sind gleich!

Welches werden wohl die größten gesellschaftlichen Veränderungen im Denken im 21. Jahrhundert sein? Nostradamus sieht das Ideal der Französischen Revolution, die Gleichheit aller Menschen, erstmals im Hinblick auf Hautfarbe, Herkunft, Abstammung und Lebensstandard verwirklicht.

Die Epoche der Gleichheit aller Menschen beginnt ganz unmerklich in heutiger Zeit und wird um das Jahr 2060 zu heftigen Auseinandersetzungen um die Bedeutung unterschiedlicher Hautfarben führen. Erste Ansätze für diese Tendenz werden bereits heute in den Argumenten der Genforschung sichtbar. Nostradamus thematisiert in seinem Vers für das Jahr 2076 einen allgemein gültigen Lebensstandard.

X. CENTURIE, VERS 76, PROPHEZEIUNG FÜR DAS JAHR 2076:
Der große Senat der Unterschiedslosigkeit aller
wird großen Pomp entwickeln

Neben der beginnenden Rassenvermischung im nächsten Jahrhundert, die offenbar nicht nur aufgrund der totalen Mobilität des Einzelnen möglich sein wird, scheint es auch eine veränderte Einstellung gegenüber dem Anspruch auf Lebensstandard zu geben.

„Der große Senat der Unterschiedslosigkeit aller wird großen Pomp entwickeln" ...

Die Reinrassigkeit verliert jegliche Bedeutung, das heißt, man sieht nichts Edles mehr darin, reiner Abstammung und Hautfarbe zu sein. Dies zieht für manche Völker, zum Beispiel für die sehr konservativ eingestellten „goldenen" Menschen, schmerzhafte Prozesse nach sich.

Offenbar sind es Parteien, welche sich die Gleichheit aller Menschen auf ihre Fahnen geschrieben haben. Bei den Massen kommen sie damit gut an. Der politische Slogan: „Alle Menschen sind gleich und haben Anspruch auf den gleichen Lebensstandard", wird sich besonders in den USA oder in einem von den USA beherrschten Staatenbund durchsetzen. Dort wird man die „neue Weltanschauung" besonders betonen. Sie wird sich, blickt man auf das Ende des 21. Jahrhunderts, so vehement durchsetzen, dass alte Systeme, die eine gute Zukunft versprachen, aus den Köpfen der Menschen vollkommen verschwinden.

Wer sind Wolf, Löwe, Stier und Esel?

Immer wieder stößt man in den Versen des Nostradamus auf Tiere. Was will der große Seher mit ihnen zum Ausdruck bringen?

X. CENTURIE, VERS 99, PROPHEZEIUNG FÜR DAS JAHR 2099:
Das Ende des Wolfes des Löwen des Stiers und Esels
Schüchterner Kopf der Menge in der Luft mit der Masse sich einweiht
Nichts mehr ist teuer – strahlend das Süße
Mehr Wachsamkeit und ein Altarvorhang für die Masseneinweihung

Der „Wolf" war für Nostradamus Sozialismus, Kommunismus und die diesen Zeitströmungen zugehörigen Personen Marx, Engels und Lenin. „Der Wolf hat sich ins gemachte Bett gelegt", orakelt der Seher für das erste Jahrzehnt des 20. Jahrhunderts.

Mit dem „Löwen", dem Gegenspieler des Wolfes, ist der aus der Industrialisierung hervorgegangene Kapitalismus gemeint. Auch diesem steht das Ende bevor. Schwerer fällt es mir, den „Stier" richtig zuzuordnen. Damit scheint Nostradamus auf die Wirtschaftsphilosophie des Buddhismus und Hinduismus anzuspielen. Möglicherweise wird die für das 21. Jahrhundert sehr bedeutende Wirtschaftsgruppe aus Japan, China und Indien von Nostradamus durch das Symbol „Stier" zusammengefasst.

Der „Esel" ist wieder leichter zu begreifen. Er spielt in den Versen für das 20. Jahrhundert mehrfach eine Rolle und wird von Nostradamus in der Regel im Zusammenhang mit dem Islam verwendet. Wie die drei anderen Tiere auch scheint der Esel ebenfalls für die Entflechtung von Religion und Wirtschaft zu stehen.

In letzter Zeit wird diskutiert, ob Nostradamus die Symbole von Währungen in Tiersymbole umgesetzt hat. Das waagrechte Dollarzeichen $ entspräche den Hörnern eines Wasserbüffels, das japanische Yenzeichen einer Ziege und das Eurosymbol € den Hörnern einer Kuh.

Die Mächtigen des 21. Jahrhunderts

Der mohammedanische Staatenbund

Das erste große Ereignis im nächsten Jahrhundert ist der Zusammenschluss zu einer neuen Art UNO, in der nur mohammedanische Staaten vertreten sein werden. Analog wird es wohl zu einem Staatenverbund aller nichtmohammedanischen Staaten kommen.

X. CENTURIE, VERS 5, PROPHEZEIUNG FÜR DAS JAHR 2005:
Zu Füßen von hundert Sternen wird es eine neue Vereinigung geben

X. CENTURIE, VERS 6, PROPHEZEIUNG FÜR DAS JAHR 2006:
Sarazenen geben sich 1000 Jahre – so hoch wie die unbegrenzte Luft

Diese Einigung des mohammedanischen Lagers wird, Nostradamus zufolge, zu einer Siegeszuversicht ungeahnten Ausmaßes führen. In seinen Prophezeiungen für das 20. Jahrhundert hat der Seher die PLO-Kämpfer als Sarazenen bezeichnet.

Der Weltkonflikt im neuen Jahrtausend

Einer der Marksteine ist der bereits an anderer Stelle besprochene Vers über die Attentate gegen vier Regierungschefs.

X. CENTURIE, VERS 8, PROPHEZEIUNG FÜR DAS JAHR 2008:
Vier Könige in sieben Tagen tödlich verletzt

Obwohl der Hinweis auf das schreckliche Ereignis im Vers für 2008 gegeben wird, findet die eigentliche Tat erst Ende 2010 statt. Aus anderen Texten geht hervor, dass zu diesem Zeitpunkt ein ernster Konflikt zwischen Frankreich und Großbritannien ausbrechen wird. In dieser Atmosphäre wird es zu den vier erwähnten Attentaten kommen. Betroffen sein werden der Präsident der USA, von Nostradamus der „Wissenschaftler" genannt, der französische

Präsident, der englische Premierminister und der deutsche Bundeskanzler, den Nostradamus als den „Bär" bezeichnet. In der politischen Eskalation spielt auch eine Frau, die „Durchtriebene", eine Rolle.

Nostradamus scheint diesen Text als einen zusätzlichen Hinweis hinterlassen zu haben, um den Ernst der Lage zu betonen.

X. CENTURIE, VERS 9, PROPHEZEIUNG FÜR DAS JAHR 2009:
Von der durchtriebenen Frau werden zwei selbstständige Prinzen geboren

Diese Frau hat den Ausbruch des großen Konflikts von 2011 indirekt mit zu verantworten.

Während die Attentate und die Reaktionen der Mächtigen durch einen Mann geplant werden, der von Nostradamus, als der „Bärtige" beschrieben wird.

X. CENTURIE, VERS 11, PROPHEZEIUNG FÜR DAS JAHR 2009:
Vom Bärtigen nicht beachtet –
im Regierungssitz lacht der Herzog über die Falle

Als „Bärtige" bezeichnet Nostradamus im 20. Jahrhundert unter anderem auch die Fundamentalisten des Islam. Es gibt genug Hinweise, dass der Drahtzieher des Weltkonflikts ein mohammedanischer Politiker ist, der allerdings nicht im Vordergrund stehen wird.

Den berühmten imaginären Knopf drücken vielmehr der „alte Führer" und sein Sohn. Bereits für 1990 erwähnt Nostradamus, dass der „alte Führer" in diesem Jahr seine politische Karriere begonnen hat, um sich auf den größten Krieg der Menschheit vorzubereiten.

X. CENTURIE, VERS 15, PROPHEZEIUNG FÜR DAS JAHR 2015:
Zwei Kriege werden vom alten Führer in vier Jahren geführt
und vom Durst beladen
Am außerordentlichen Tag – der Sohn verleugnet die Sucher

In diesem Vers benennt Nostradamus den Verursacher der Kriege. Dabei spielt es für ihn keine Rolle, welche äußeren Umstände oder Personen zu Beginn des Kriegs dafür verantwortlich gemacht werden.

Frankreich wird für lange Zeit keinen Präsidenten oder Regierenden wählen, akzeptieren oder einsetzen. Der Schock des Attentats sitzt so tief, dass die Franzosen sich bemühen werden, eine Art Gottes- oder Religionsstaat zu gründen.

X. Centurie, Vers 16, Prophezeiung für das Jahr 2016:
Glücklich Frankreich zu regieren – glücklich zu leben
Unbekannt Blut Tod Furioses und Verbrechen
Keiner Blähung ausgesetzt wird sein das Leben
Der König ist entkleidet – viele im Glauben sich in der Folge einweihen

In Großbritannien wird man um 2017 eine Königin wählen und einsetzen. Lässt dies den Schluss zu, dass die uns heute bekannten männlichen Mitglieder des Königshauses den Weltkonflikt nicht überleben werden? Wer ist heute das Mädchen oder die junge Frau, die im Jahre 2017 zur Königin von England wird?

X. Centurie, Vers 17, Prophezeiung für das Jahr 2017:
Die Königin wird erwählt – die Sterne sehen ihre Insel verletzt

„Die Sterne" sind hier für Nostradamus das Symbol für die USA, der sie vielleicht mit dem Sternenbanner assoziiert haben mag. Offenbar werden sich die Amerikaner nach der großen Katastrope intensiv um England kümmern.

Eine erfolgreiche Friedensmission

Wer werden die nächsten Akteure auf der Bühne 21. Jahrhundert sein, nachdem sich die Welt wieder formiert hat?

X. Centurie, Vers 27, Prophezeiung für das Jahr 2027:
Durch ein Fünftel und einen großen Gewaltigen
Wird der Tempel geöffnet werden mit kriegerischer Hand
Eins – 100 dem Lügenkerl und die Skandierer bekommen es
Der Hoffnung Schlüssel der Adler –
dann nicht den großen Stachel haben wird

Im Jahre 2027 sieht Nostradamus einen neuen Mann ins Rampenlicht der Weltgeschichte treten. Der „Gewaltige" wird über „ein Fünftel" der Weltbevölkerung herrschen. Bezeichnungen wie gewaltig, gewalttätig und dergleichen benutzte Nostradamus bisher immer, wenn er Diktatoren beschrieb. Daraus lässt sich schlussfolgern, dass auch um 2027 ein neuer Tyrann die Welt mit kriegerischer Hand im Griff halten wird. Diese Periode wird etwa zehn Jahre andauern. Dann wird eine Gruppe von Staatsmännern im Gedanken an die Katastrophe von 2011 bis 2014 dafür sorgen, dass für einige Jahrzehnte jeglicher Krieg unmöglich ist. Die Verse für 2036 bis 2043 zeigen, dass ihnen eine der erfolgreichsten Friedensmissionen aller Zeiten gelingt.

X. Centurie, Vers 36, Prophezeiung für das Jahr 2036:
Nachdem der besorgte König befürchtet – das zuvor Kriege sprechen
Die Inseln bekannt geben Methoden – damit man Seelen gefangen halten kann
Einige Jahre Gutes vollendet sich – große Einheit und Plünderer

X. Centurie, Vers 40, Prophezeiung für das Jahr 2040:
Wenn die Zwei erscheint – stirbt der Krieg bevor er sich empfiehlt

X. Centurie, Vers 41, Prophezeiung für das Jahr 2041:
In der Runde der Drei, die den Kopf gebrauchen
Nein was für einen Krieg man getötet hat – Sterne

X. Centurie, Vers 42, Prophezeiung für das Jahr 2042:
Der menschliche Herscher der Engel
die Liga gegen den harten Krieg bildet

X. Centurie, Vers 43, Prophezeiung für das Jahr 2043:
Die sehr gute Zeit sehr guter Königsherrschaft

Es sind sehr tröstliche Vorhersagen für eine Friedensordnung, die man sich schon viel früher gewünscht hätte. Soweit es heute schon möglich ist, diese Zeilen zu interpretieren, lässt sich herauslesen, dass es zu einer Übereinkunft von drei Staatsmännern kommen wird, die alle politischen, wirtschaftlichen und wissenschaftlichen Interessen durch eine gemeinsame Instanz überwachen lassen. Diese Instanz hat in Streitfällen die Aufgabe zu schlichten. Aus anderen Anmerkungen in den folgenden Versen geht hervor, dass diese Instanz zugleich die Länder, welche nicht zu diesen drei „Königsreichen" gehören, strikt überwacht wird.

Der Vers für das Jahr 2044 macht klar, wo die Gefahren für einen dauerhaften Frieden liegen und beschreibt, wie die drei Staatsmänner dennoch einen dauerhaften Weltfrieden schaffen.

X. Centurie, Vers 44, Prophezeiung für das Jahr 2044:
Weil ein König gegen die Wissenschaft spricht
Der Geborene von den Zwei – Treue erfährt – Zeit der reichen Liga

Man muss sich die Situation wohl so vorstellen, dass eines der Mitglieder in dem Dreierbund in seinem Land Schwierigkeiten mit seinen Forschern bekommt, vorstellbar wären Wissenschaftler der Rüstungsindustrie. Weil er sich seinen Bundesgenossen anvertraut, ist eine Lösung des Problems möglich, ohne dass Geldmittel in einer Rüstungsspirale versacken. Die Folge ist die „Zeit der reichen Liga", das heißt, man spart viel Geld, weil es nicht für Angriff und Verteidigung ausgegeben werden muss.

In dieser Zeit erwähnt Nostradamus eine Politikerin, die als „Witwe" bezeichnet wird. Aus Details an anderer Stelle kann man ermitteln, dass einer der Staatsmänner des Dreierbunds den Tod findet. Offenbar kommt es durch die Nachfolge der „Witwe" zu Befürchtungen, dass der Dreierbund dadurch gefährdet sein könnte. Der diesbezügliche Vers wirkt in dieser Hinsicht beruhigend.

X. CENTURIE, VERS 45, PROPHEZEIUNG FÜR DAS JAHR 2045:
Die Witwe ist nahe – bereitgestellt um den Krummbeinigen zu lieben
Goldener König – die Jahre werden ihm die rechtmäßige Mauer zurückgeben

Dem chinesischen Regierungschef (der „goldene König") wird durch dieses neue Friedenssystem in einem Schiedsspruch seine „rechtmäßige (Chinesische) Mauer" zurückgegeben werden, ohne dass er dafür einen Krieg führen muss. Dies bedeutet, dass China offenbar zu Beginn des neuen Jahrhunderts einen großen Teil seines Landes verliert.

Das „goldene Zeitalter"

In der Mitte des 21. Jahrhunderts sieht Nostradamus ein so genanntes „goldenes Zeitalter" hereinbrechen. In der Vorstellungswelt des Sehers kommt eine solche Periode einmal in 1000 Jahren und währt zwischen 50 und 100 Jahre. Die Berechnung der 1000 Jahre erfolgt jedoch nicht auf der Basis der uns vertrauten Zeitrechnung, sondern nach einem Modell, welches sich bisher noch nicht bis auf seinen Ursprung zurückverfolgen ließ. Um 1920 stellt Nostradamus in einem Vers fest, dass das „goldene Zeitalter" zu diesem Zeitpunkt noch nicht zu erwarten ist. In dem Vers für das Jahr 2045 kündigt er es jedoch deutlich an. Dennoch scheint Nostradamus über seine Visionen für diese Zeit nicht glücklich gewesen zu sein.

X. CENTURIE, VERS 2046, PROPHEZEIUNG FÜR DAS JAHR 2046:
Leben – meinetwegen stirb am Reichtum des Goldes –
Haus der Einweihung ohne Würde
Wird sein in Sachsen kein neuer Kurfürst gewählt
Dem Braunen folgen 100 – werden kommen lassen die gezeichnete Liebe

Dieser Vers für das Jahr 2046 enthält einige gut versteckte sensationelle Hinweise. Als Erstes sagt Nostradamus voraus, dass die Menschen jener Zeit im Luxus ersticken werden. Dann prophezeit er, dass in Sachsen das neue Zentrum Deutschlands entstehen wird. Und schließlich sieht er voraus, dass 2046 erstmals ein Farbiger zum Papst gewählt wird – in Anbetracht der ohnehin bevorstehenden Rassenvermischung keineswegs schockierend.

Das „goldene Zeitalter" verspricht, eine aufregende Zeit zu werden. Man stelle sich vor: eine moderne Stadt, die nur von Mönchen und Nonnen bewohnt wird! Die Menschen mit den rasierten Köpfen bestimmen darüber, was richtig und was falsch ist. Zu dieser Zeit passt sich der Kapitalismus der neuen Denkweise an. Der „große Prälat des Löwen" steht für den Mann, der diese Interessengruppe offen sichtbar oder aus dem Verborgenen heraus leitet.

X. CENTURIE, VERS 47, PROPHEZEIUNG FÜR DAS JAHR 2047:
Für die Stadt die die Seelen schmückt
Dort man trifft Rasierte – gebrauchen einen Teil des Tones
Der große Prälat des Löwen verändert zuvor seine Gestalt

X. CENTURIE, VERS 53, PROPHEZEIUNG FÜR DAS JAHR 2053:
Die drei Glatzköpfigen –
diejenigen die sich lange gegenseitig geschlagen haben
Dort die geringste Angst – Zeit des Hörens.

Außeralb des „Dreierbundes für den Weltfrieden" ist nach wie vor die Vereinigung der mohammedanischen Länder aktiv. Zwischen 2060 und 2064 kommt es nochmals zu einer blutigen Auseinandersetzung. In diesem Zusammenhang wird der Führer der Christen von Nostradamus als „Herold der Zimperlichen" bezeichnet.

X. CENTURIE, VERS 62, PROPHEZEIUNG FÜR DAS JAHR 2062:
Nahe die Goldenen um zweifach die Ungarn anzugreifen
Der Herold der Zimperlichen die kommen werden zum Todesschuss

X. CENTURIE, VERS 66, PROPHEZEIUNG FÜR DAS JAHR 2066:
Der Herr von Londori –
eingesetzt durch die Regierung der reichen Seelen Amerikas
Über die Insel die sich mit den Hörnern stößt herrscht –
das Zeitalter ist durch Gefrieren geprägt
Der König der Wiedertäufer
einen großen Fehler gegenüber dem Antichristen macht
Dadurch dass sie alles in die aussätzigen Seelen investieren werden

Das letzte Viertel des 21. Jahrhunderts

Je mehr man sich dem Ende des 21. Jahrhunderts nähert, desto schwieriger wird es, die Verse des Nostradamus zu entschlüsseln. Persönlichkeiten erlangen Bedeutung, die der Seher aus Salon-de-Provence zwar auf seine typische Art beschreibt, doch ist es unmöglich, sie mit heute bereits existierenden politischen oder weltanschaulichen Strömungen in Verbindung zu bringen. Daher sollen für das letzte Viertel des 21. Jahrhunderts die relevanten Verse ohne Kommentar hervorgehoben werden, um für sich selbst zu sprechen.

X. CENTURIE, VERS 80, PROPHEZEIUNG FÜR DAS JAHR 2080:
Um zu regieren der Schwarze zuvor die große regierende Regierung absetzt
Durch die Macht der Waffen werden die großen Ländergrenzen bestimmt
Zeit der geöffneten Luft und der Herzog freut sich
Zerstörung trägt das Neue der Töne – Tag des Dummkopfs

X. CENTURIE, VERS 85, PROPHEZEIUNG FÜR DAS JAHR 2085:
Der alte Tribun am Punkt der drei Halbkreise
Wird unterdrückt werden – gefangen und nicht in Freiheit gesetzt
Der alte wird nicht wollen – das Böse wird schüchtern sprechen
Durch Rechtskräftiges seiner Freunde – ausgeliefert

X. Centurie, Vers 86, Prophezeiung für das Jahr 2086:
Wie ein Geier wird kommen der König Europas
Begleitet von demjenigen von Aquilon — den ersten den man schon hat

X. Centurie, Vers 90, Prophezeiung für das Jahr 2090:
Hundertmal sterben wird der unmenschliche Tyrann
An seinen Platz gestellt — versiegelt und gutmütig geworden
Der ganze Senat wird sein unter seiner Hand
Gekennzeichnet wird er sein durch Schlauheit und Waghalsigkeit

X. Centurie, Vers 91, Prophezeiung für das Jahr 2091:
Römischer Klerus — im Jahr 1000 sechs hundert und neun
Zum Chef der Esel wird er erwählt sein
Aus einem grauen und schwarzen der Gesellschaft hervorgegangen
Welcher elf nicht schlau gemacht hat

X. Centurie, Vers 95, Prophezeiung für das Jahr 2095:
In vier Jahren wird in Spanien ein sehr mächtiger König kommen
Plötzlich über dem Meer und der Erde Großes aus dem Süden

Krieg und Frieden im 21. Jahrhundert

Eine Bemerkung im Voraus

In allen meinen Büchern veröffentliche ich die nachstehenden Verse des Nostradamus in der Hoffnung, dass sie von möglichst vielen Menschen gelesen, zum rechten Zeitpunkt verstanden und von ihnen anhand der richtigen Schlussfolgerungen in die Tat umgesetzt werden. Sollte sich Nostradamus geirrt oder ich bei meiner Arbeit gravierende Fehler gemacht haben, dann bitte ich für ihn und mich um Verzeihung. Kommt es aber so, wie Sie es auf den folgenden Seiten lesen, und haben Sie sich vor der kritischen Zeit richtig verhalten, dann wünsche ich Ihnen und Ihrem Erbgut, dass in Ihren Kindern und Kindeskindern weiterleben wird, eine große Zukunft.

Der erste globale Krieg

In den ersten 50 Jahren des 21. Jahrhunderts liegen Krieg und Frieden sehr nahe beisammen.

Der kritischste Zeitpunkt für die erste große Auseinandersetzung zwischen der westlichen Welt und dem Islam sind die Jahre 2005 bis 2015.

Die Historiker haben den Kriegen von 1914 bis 1918 und von 1939 bis 1945 den Beinamen „Weltkriege" verliehen, obwohl die rein juristische Kriegserklärung mancher Länder de facto nicht einen einzigen Kriegstoten von ihnen gefordert hat. Zu gerne wüsste ich schon heute, welche Bezeichnung sie sich für den ersten Krieg im dritten Jahrtausend ausdenken werden. Dieser Krieg wird, wenn man Nostradamus glauben darf, die Hälfte der amerikanischen Bevölkerung, etwa zwei Drittel der europäischen Bewohner und drei Viertel der Mohammedaner das Leben kosten. Kurz, es ist der erste globale Krieg, der insbesondere die nördliche Halbkugel voll treffen wird. Die Beschreibung dieser Katastrophe durch Nostradamus spricht für sich und bedarf nur weniger Stichworte, um bei der Zuordnung der tatsächlichen Ereignisse zu helfen.

X. CENTURIE, VERS 5, PROPHEZEIUNG FÜR DAS JAHR 2006:
Wenn die höllischen Kasten unter dem Meer zusammen sind
vollendet sich ihr Preis brennend
Wenn beim Herrn der Neun – das Monster sich wütend wäscht

Hier ist die Rede von der Stationierung neuer Waffensysteme auf dem Meeresboden durch die GUS-Staaten.

X. CENTURIE, VERS 7, PROPHEZEIUNG FÜR DAS JAHR 2007:
Großer Streit den man im alten Jahr vorbereitet
Das Ausgemergelte spricht zu allen – ich bin die Suppenspeise
Die Insel der Briten wird durch salzigen Wein gereizt
Im Halbkreis gesetzt zwei Fäden – 11 Zeiten halten nicht Mahlzeiten

2

Dies ist eine Beschreibung des Konflikts, wie er zu Beginn 2011 seinen Anfang nehmen wird. Zu seinen Folgen wird eine Hungerkatastrophe gehören, die elf Jahre währen wird. Gegen Großbritannien werden chemische Waffen eingesetzt.

X. Centurie, Vers 8, Prophezeiung für das Jahr 2008:
Indien bei 10 und Kugeln schmelzen – Zeit der Luft
Vom Senat der Bitternis geht der Graf zu seinem sauberen Sohn
Der Myrrhen nicht beseelt durch die Meisten der auserwählten Stimmen
Vier Könige in sieben Tagen tödlich verletzt

Da Kolumbus erst 50 Jahre vor der Veröffentlichung der „großen Prophezeiungen" Westindien entdeckt hatte, setzt Nostradamus Indien noch immer mit Amerika gleich. Auf vier Staatsmänner werden in sieben Jahren Attentate verübt.

X. Centurie, Vers 9, Prophezeiung für das Jahr 2009:
Für 100 Sterne die man darstellt – Tag der Reifung
Von der durchtriebenen Frau werden zwei selbstständige Prinzen geboren

Hundert Staaten stehen Tage der Prüfung bevor.

X. Centurie, Vers 10, Prophezeiung für das Jahr 2010:
Vier gekaufte Mörder – ungeheurer Krieg entsteht
Großer Feind des ganzen menschlichen Geschlechts
Er wird sein schlimmer als derjenige der Großväter –
elf sie gebären zwei Kriege
Mit Eisen Feuer Wasser – blutig und unmenschlich

Ein erneuter Hinweis auf die vier Attentate, die innerhalb einer Woche erfolgen. Krieg wird alle Menschen treffen. Elf steht für 2011.

X. Centurie, Vers 11, Prophezeiung für das Jahr 2011:
Unter der ionischen Küche — die gefährliche Vorbeifahrt
Wird sein vorübergehend der Nachgeborenen Last
In den Bergen das Schlimmste geht vorüber ohne Belastung
Vom Bärtigen nicht beachtet —
im Regierungssitz lacht der Herzog über die Falle

„Ionisch" ist hier ein Hinweis auf chemisch. Kinder werden durch den Krieg Erbschäden davontragen. In den Bergen oder in aufgeschütteten Erdhügeln besteht eine Überlebenschance.

X. Centurie, Vers 13, Prophezeiung für das Jahr 2013:
Unter den Niederen — Not der wiederkäuenden Tiere
Erscheint die 10 — geführt zum Sieg im Wind der zweipoligen Liga
Versteckte Soldaten lenken die dröhnenden Waffen
Nicht fern die Zeit der Erprobung der gegenpoligen Stadt

Der Vegetation steht erhebliche Verseuchung bevor, daher stirbt auch das Nutzvieh. Auch die südliche Halbkugel wird in den Krieg verwickelt sein. Raketen werden zum Einsatz kommen.

X. Centurie, Vers 14, Prophezeiung für das Jahr 2014:
Urne des Kalbes —
wenn die Jahre der Ratschläge da sind für die die sich selbst aufgeben
Spricht die Herde schüchtern — aus Furcht vor dem siegreichen Prinz
Begleitet werden die meisten von Schwestern erbleichter Eiterpusteln
Zum Teil man sie nicht zu Einsiedlerinnen gemacht hat

Mit dem Jahr 2014 klingt die Katastrophe aus. Die überlebende Bevölkerung wird stark unter Hauterkrankungen zu leiden haben, doch die Kranken werden nicht isoliert. Leider kommen falsche Behandlungsmethoden zum Einsatz.

X. CENTURIE, VERS 15, PROPHEZEIUNG FÜR DAS JAHR 2015:
Zwei Kriege werden vom alten Führer in vier Jahren geführt
und vom Durst beladen
Am außerordentlichen Tag – der Sohn verleugnet die Sucher
Inmitten der Macht des Lebens – der Tod wird kommen –
rau und lang bei der Elf
Der Senat auf der Insel stirbt – lange und leicht

In diesem Vers blickt Nostradamus noch einmal auf die Katastrophe zurück. Der globale Krieg wird von einem sehr alten Staatsmann ausgelöst werden, und er wird unerwartet auf dem Höhepunkt des Wohlstands kommen. Bei der Elf, also Ende 2010 oder Anfang 2011, wird der Hauptschlag in diesem Krieg gegen England gerichtet sein.

Rachefeldzug gegen die Moslems

Obwohl diese Aussichten für 2011 und die Folgejahre keineswegs schön sind, kommt es noch schlimmer. Nostradamus sah voraus, dass sich die Christenheit zu einem Rachefeldzug gegen die Moslems entschließt, die sie für den Krieg verantwortlich macht. Vergeltung wird an jedem Mohammedaner gesucht, der den ersten globalen Krieg überlebt hat. Bis in das heilige Zentrum des Islam, bis nach Mekka, wo die Kaaba steht, werden die Kämpfe vordringen.

Dieser Rachfeldzug wird von Nostradamus, der ja die Konsequenzen vor Augen hat, nicht gerne gesehen. „Der Sohn der Woge des Blutes wird in Rom erwählt", schreibt der Seher in seiner Prophezeiung für 2018 und verurteilt damit den Papst, der zu diesem Rachefeldzug aufrufen wird. Denn schließlich wird Europa schon bald Italien an die Moslems verlieren.

X. CENTURIE, VERS 19, PROPHEZEIUNG FÜR DAS JAHR 2019:
Der Tag wird durch den König nicht begrüßt werden
Am Tage danach – der Gruß wird das Gebet sein

Die Abrechnung macht den Verstand weiß
Scheuklappen der demütigen Elf –
welche nicht gemacht haben solch einen Krieg

Nach diesem Schlagabtausch steht die Welt unter einem Schock. Die Oper des Kriegs haben mit sich zu tun, ganze Landstriche sind unbewohnbar, weil sie durch chemische Kampfstoffe verseucht sind, die Infrastruktur ist weitgehend zusammengebrochen. Gebete, so prophezeit Nostradamus, werden in der Folge die Hauptbeschäftigung der Überlebenden auf der nördlichen Halbkugel sein.

Die Nachkriegszeit

Doch auch diese schlimme Zeit geht vorüber. Diejenigen, die sich rechtzeitig in die Berge des Südens absetzen konnten und von der Katastrophe verschont wurden, beginnen mit dem Wiederaufbau. Doch viel Kraft wird vertan im Streit um Grund und Boden und um die Staatsgrenzen.

X. CENTURIE, VERS 22, PROPHEZEIUNG FÜR DAS JAHR 2022:
Um nicht die Übereinstimmung zu bekommen – man redet von Scheidung
Welche Macht soll gleichgestellt sein – Entrüstung

X. CENTURIE, VERS 23, PROPHEZEIUNG FÜR DAS JAHR 2023:
Dem Volk zeigen sich unangenehme Tatsachen – sie wieder zeigen Ranziges
Dadurch die Armee besetzt Zusammengeschrumpftes
Im Tor des Geldes sie führen Wehklagen
Und um das Recht wiederzubekommen –
einer nach dem anderen in hitzige Wut gerät

Die erforderliche und wirksame Hilfe in dieser verfahrenen und elenden Situation am Anfang des 21. Jahrhunderts wird, wie es der folgende Vers besagt, von den „Goldenen" kommen, von den Menschen mit der gelben Hautfarbe.

X. Centurie, Vers 24, Prophezeiung für das Jahr 2024:
Durch große Anstrengungen der Goldenen für die Besiegten
Die Insel wohlbehalten übersteht den Schlag des Feuers
durch die in der Luft befestigten Inseln

Nicht die Chinesen, sondern die Japaner sind hier gemeint. Japan übersteht den großen Atomschlag des globalen Kriegs zwischen 2011 und 2014, weil es noch rechtzeitig Raketenabwehrsysteme im Weltraum („in der Luft") stationieren („befestigen") konnte.

Nach und nach regeneriert sich das verseuchte Land. Im Jahre 2025 beschreibt Nostradamus nochmals die Hautprobleme der Kriegsopfer.

Er tröstet die Überlebenden, indem er ihnen prophezeit, dass ihre Leiden nur etwa vier Jahre andauern werden. Außerdem teilt er die Geburt oder den Beginn der politischen Karriere von vier Führerpersönlichkeiten an.

X. Centurie, Vers 25, Prophezeiung für das Jahr 2025:
Vier Jahre werden die Hautabschuppungen andauern
wie auf den Inseln der Tragödie
Die vier großen Seelen sitzen im Orchester

Die Zeit der Klimaveränderungen

Die Zeit hat viele Wunden geheilt. Die Erde hat sich regeneriert. Ein neuer Anfang wird gesucht, indem Überlebende in unbewohnte, aber klimatisch vorteilhaftere Landstriche umgesiedelt werden.

X. Centurie, Vers 31, Prophezeiung für das Jahr 2031:
Das heilige Reich wird kommen in Deutschland
Ismaeliten werden gefunden haben die Orte wo es grün ist
Esel werden wollen auch dort handwerken
Die Unterstützungen der Erde alles öffnet

Dass dieser Vers in der Zeit des Nationalsozialismus missbraucht wurde, lässt sich leicht denken. Doch unvoreingenommen betrachtet, gibt es zwei Deutungsmöglichkeiten für diese Vorhersage. Zum einen kann sie ein Hinweis dafür sein, dass der Papst seinen Sitz nach Deutschland verlegt. Dafür spricht, dass der Papst in den nächsten 500 Jahren fünfmal umziehen muss. Außerdem entsteht auf dem Gebiet des heutigen Deutschland das Territorium der älteren Menschen, der Philosophie und der Weltanschauungen. Zum anderen kann sich die Beschreibung „das heilige Reich" auch auf den jüdischen Glauben und damit auf Israel beziehen.

Folgt man der zweiten Möglichkeit, dann bedeutet der Vers, dass Israel seinen Sitz nach Deutschland verlegen wird. Heute noch undenkbar, morgen vielleicht schon lebensnotwendig. Auch die arabischen Nachbarn werden versuchen, in klimatisch bessere Regionen vorzudringen. Natürlich werden die Bewohner der nördlichen Regionen dies zu verhindern suchen.

X. Centurie, Vers 32. Prophezeiung für das Jahr 2032:
Das große Reich jeden der in der Pflicht steht sehr prüft
Eines ist sauer die anderen werden das Leben erlangen
Aber nur wenig Zeit für die gründliche Prüfung wird sein

Warum die zwingende Notwendigkeit besteht, das nördliche Afrika und den Nahen Osten zu verlassen, beschreibt Nostradamus für das Jahr 2033. Offenbar ist eine entscheidende Klimaveränderung eine Spätfolge des vorangegangenen globalen Kriegs.

X. Centurie, Vers 33, Prophezeiung für das Jahr 2033:
Die chemische Tatsache ist grausam und mit langem Kleid
Wird kommen diese Teuerung an der Stelle, wo die Dolche gebraucht werden
Ergriffen wird die Woge des Gefrorenen
von dem Ort des zweifachen Aufbegehrens
Ihr Herabstieg geöffnet durch Grenzenloses und
lange es nichts Natürliches gibt

So wie Nostradamus es beschreibt, könnte ein radioaktiver Niederschlag aus den höheren Schichten der Atmosphäre gemeint sein. Diese neuerliche Katastrophe wird jene Länder betreffen, die den Dolch als persönliche Waffe kennen, also vornehmlich die arabischen.

Friedenszeit

Die Folgen des globalen Kriegs werden laut Nostradamus um 2041 ihre Wirkung verloren haben. Drei Politiker werden nun eine Weltordnung festschreiben, die einen neuerlichen großen Krieg von vornherein verhindert.

X. Centurie, Vers 41, Prophezeiung für das Jahr 2041:
In der Runde der Drei die den Kopf gebrauchen
Nein was für einen Krieg man getötet hat – Sterne
Zwei Inseln ranzig – die Hälfte gebraucht nichts als den Ton des Strahlens
Umgeben von Nasen wie Kugeln und großen Mützen

Zu diesem Zeitpunkt entsteht bereits ein neuerlicher Konflikt in einem Staat, den Nostradamus als „zwei Inseln" beschreibt. Der Begriff „Kopf" taucht hier das erste Mal in den Versen auf. Er wird bis zum Ende der Prophezeiungen im Jahr 3797 eine wichtige Rolle spielen. Mit diesem Wort meint Nostradamus eine Art Großcomputer, der alle Alltagsgeschehnisse zu koordinieren vermag.

Wer der Meinung ist, dass diese Geräte das Leben des Menschen bestimmen und ihn in seiner Freiheit beschneiden werden, der irrt sich.

Man stelle sich nur einen Rechner vor, der sämtliche Verkehrsampeln, Flugbewegungen, Schiffsverbindungen und so fort steuert und darüber hinaus auch noch die Bereitstellung und Versorgung des Menschen mit allem Lebensnotwendigen plant und durchführt. Was für eine Zeitersparnis! In einem solchen System wird dann auch ein Programm eingebunden, das Konflikte gar nicht erst aufkommen lässt.

X. CENTURIE, VERS 42, PROPHEZEIUNG FÜR DAS JAHR 2042:
Der menschliche Herrscher der Engel – Liga gegen den harten Krieg bildet
Zeit der Regierung der Töne – Friede man vereinigt hält
Der Krieg ist gefangen zur Hälfte in ihren Klöstern
Lange Zeit der Friede ihr Zeitalter beherrscht

Trotz des anhaltenden Friedens wird man weiter an neuen Waffensystemen bauen. Die erste Erprobung von Klimawaffen wird darüber hinaus auf regionaler Ebene ein Unglück verursachen.

X. CENTURIE, VERS 71, PROPHEZEIUNG FÜR DAS JAHR 2071:
Die Erde und die Luft werden gefroren sein – auch das große Wasser
Weil man beginnen wird den göttlichen Krieg zu spielen

Mit dem „göttlichen Krieg" meint Nostradamus das Wetter. Die Erprobung künstlich erzeugter Wettererscheinungen führt zu Zerstörung durch extreme Kälte und Hitze, Hagel, Blitzschlag, Sturmflut und Orkan. Der Mensch richtet furchtbares Unheil an.

2078 besteht die Gefahr einer lokal begrenzten Krise, aber, wie sich Nostradamus ausdrückt, „die Waffen schrumpfen", das heißt die Abrüstung wird noch rechtzeitig erfolgen.

X. CENTURIE, VERS 78, PROPHEZEIUNG FÜR DAS JAHR 2078:
Plötzliche Freude in plötzlicher Trauer
Wird sein als Wohlgeruch der Gnade umarmt
Großes Leid lässt ihre Waffen zusammenschrumpfen
Gerichtet gegen die Vereinigung – aus der Luft Überrumpelung und Zähmung

Das computergesteuerte System der Friedenssicherung

Wie könnte dieses System konzipiert sein? Aus der heutigen Sicht ist es sehr schwer zu bestimmen, wie dieses computergesteuerte System der Friedenssicherung beschaffen sein könnte. Also bleibt nichts anderes übrig, als sich mit Fantasie und den wenigen Angaben in den Versen des Nostradamus zu behelfen.

X. Centurie, Vers 80, Prophezeiung für das Jahr 2080:
Durch die Macht der Waffen werden die großen Ländergrenzen bestimmt
Zeit der geöffneten Luft und der Herzog freut sich
Zerstörung trägt das Neue der Töne – Tag des Dummkopfs

Es wäre denkbar, dass man diesem Computer die Kontrolle über ein Waffensystem einprogrammiert hat. Es aktiviert sich, wenn ein Unbefugter mit Gewalt versucht, die Ländergrenzen zu verändern. Mit „Zeit der geöffneten Luft" könnte auch eine freie Weltraumfahrt gemeint sein. Die Formulierung muss nicht bedeuten, dass der Luftraum grundsätzlich für jeden frei ist. Bezieht sich der Hinweis aber doch auf den Luftraum, dann könnte auch gemeint sein, dass es gar keine Souveränität über den eigenen Luftraum mehr gibt.

Dieser Ansatz wäre als künftige Friedensregelung keine schlechte Lösung. Man schafft ein computergesteuertes Waffensystem und verzichtet auf Hoheitsrechte im Luftraum. In dem Augenblick, in dem ein Land zu Wasser, zu Land oder aus der Luft angegriffen wird, schlägt das Computersystem zu. In seinem Vers für das Jahr 2082 gibt Nostradamus ein Beispiel dafür, wie das System der Friedenssicherung in Aktion funktioniert.

X. Centurie, Vers 82, Prophezeiung für das Jahr 2082:
Zusammenschrumpfen ihrer Waffen mit Unkosten wird bei zehn kommen
Scheinen vorher davor zu fliehen – danach Angriff

Das Friedensicherungssystem hat einen militärischen Vorstoß registriert. Der Sünder weigert sich abzurüsten. Doch es wird ihm schließlich nichts anderes übrig bleiben.

Den Drang, Waffen zu entwerfen, neue, dem Gegner überlegene Waffen zu besitzen, ist dem Menschen nicht so leicht abzugewöhnen. Trotz einer Friedenszeit, von der Nostradamus an anderer Stelle sagt, dass sie in dieser Form nie mehr wiederkehren wird, arbeiten Menschen an der Entwicklung neuer Waffen. Zum Ende des 21. Jahrhunderts erwähnt der Seher Kriegsgerät, welches Füße

Wird der Luftraum „für jeden" frei sein?

und Haare in Sekunden alt werden lässt. Ziel ist es vielleicht nicht zu töten, aber bewegungs- und kampfunfähig will man den Gegner machen.

Doch die Friedenszeit findet langsam ein Ende. Findige Köpfe haben einen Weg gefunden, wie das computergesteuerte Friedenssicherungssystem umgangen werden kann.

X. Centurie, Vers 87, Prophezeiung für das Jahr 2087:
Großer König wird kommen – nimmt die Grenze nahe bei Nizza
Das große Reich des Todes wird in dieser Zeit sein
Ins Gegenteil wird sich der Traum Nizzas kehren
Über dem Meer alles pulverisiert wird – alle lebendige Spreu

Seit 2065 verläuft die Grenze zwischen dem mohammedanischen Italien und der christlichen Welt bei Nizza. Nostradamus beschreibt den ersten Überfall, der zwar lokal begrenzt sein wird, der aber das Ende der Friedensperiode einläutet.

X. Centurie, Vers 92, Prophezeiung für das Jahr 2092:
Zwei Kriege entstehen nach Eintritt des ionischen Stricks
Umsichtiges Volk wird sich Mühe geben
Bewegungslos ist der Herr der 1000 Spiele — wie ein Baumstumpf

Aus dem Grenzkonflikt ist nun eine anhaltende Krise geworden. „Ionisch" wird von Nostradamus benutzt, wenn er Chemie meint. „Ionischer Strick" könnte eine neue chemische Verbindung, vielleicht eine wichtige Kette chemischer Formeln sein.

Es wird Menschen geben, die mit allen Mitteln eine Eskalation verhindern wollen. Aber der Computer, hier als „Herr der 1000 Spiele" beschrieben, reagiert nicht, beziehungsweise kann nicht mehr reagieren. Nostradamus lässt offen, warum dies der Fall ist. Vielleicht ist es dem Computer nicht möglich, den „ionischen Strick" als Gefahr wahrzunehmen.

Anhang

Die 100 Schlagzeilen in den Versen für das 21. Jahrhundert

Bei den Schlagzeilen für das 21. Jahrhundert bediente sich Nostradamus einer sehr einfachen Verschlüsselungsmethode, daher sind vorab nicht viele Worte notwendig. Bekannt muss lediglich sein, welche Verse welchen Jahren richtig zuzuordnen sind (siehe Seite 153–157). Mit der Unterstützung eines auf das Französisch des 16. Jahrhunderts spezialisierten Wörterbuchs (*Larousse, Dictionnaire d'ancien Français, Moyen-âge et Renaissance*) ist sodann die Übertragung der französischen Verse ins Deutsche möglich.

Für die Deutung der Schlagzeile des Jahres gelten die folgenden zwei Hinweise des Nostradamus aus seinem „Buch der Anweisungen"[1]:

~ Betrachte jeweils ein Jahrzehnt als Ganzes.

~ Öffne nicht deinen Mund, bevor du nicht den Anfang und das Ende kennst.

Nostradamus empfiehlt somit, jeweils alle zehn Schlagzeilen eines Jahrzehnts zu betrachten, und er weist darauf hin, dass er jeweils den Anfang und das Ende einer Entwicklung in den Schlagzeilen beschrieben hat.

Für mich waren diese Schlagzeilen bisher nicht so interessant, weil ich mich von Anfang an mehr um die zweite Methode, das heißt um die Buchstabenkette, um die Zerlegung in Worte und Übersetzung gekümmert habe. Diese Vorgehensweise erbrachte von Anbeginn detaillierte Vorhersagen.

---

[1] Ich habe den Text 1987 in meinem ersten Buch, *Nostradamus entschlüsselt*, veröffentlicht. Das Buch ist leider restlos vergriffen.

Von Interesse ist diese Methode des Verschlüsselns, derer sich Nostradamus bei den Schlagzeilen bedient, für diejenigen, die in alten Chroniken, Handschriften und anderen Schriftstücken versteckte Botschaften aufspüren wollen. Die Texte, in denen man nach verschlüsselten Mitteilungen sucht, dürfen selbstverständlich nur in der Originalsprache, also nicht übersetzt oder auf irgendeine Weise bearbeitet sein. Die Verse des Nostradamus für das 21. Jahrhundert sind nun natürlich bereits auf ihren versteckten Inhalt hin untersucht. Generell empfiehlt sich die folgende Vorgehensweise:

~ Schreiben Sie den zu untersuchenden Text fein säuberlich untereinander.

~ Überprüfen Sie die Kombination aus den ersten drei, vier, manchmal fünf Buchstaben jeder Zeile im Hinblick darauf, ob der erhaltene Text in Verbindung mit der als nächste folgenden Zeile einen Sinn ergibt.

~ Stellen Sie fest, dass es immer die ersten drei Buchstaben sind, die gemeinsam einen Sinn ergeben, dann können Sie davon ausgehen, dass es im gesamten Text jeweils die ersten drei Buchstaben sind, die einen zusätzlichen Hinweis enthalten.

Nostradamus war ein Meister des Verschlüsselns, der die Technik perfekt beherrschte. Wie an dem folgenden Beispiel zu sehen sein wird, hat er in seinen Texten sogar noch zusätzliche Besonderheiten mit einem mathematischen Hintergrund eingebaut:

IX. CENTURIE, VERS 96, PROPHEZEIUNG FÜR DAS JAHR 1996:

Dans cite entrer exercit desniee
Duc entrera par persuasion
Aux foibles port esdam armee amenee
Metteront feu mort de sang effusion

Die Schlagzeile für das Jahr 1996 ergibt sich jeweils aus den ersten drei Buchstaben der vier Zeilen:

Dan	4 an	(In) vier Jahren
Duc	duc, tu C	der Herzog, getötet die 100
Aux	au X	bei der 1
Met	t(h)èm(e)	das Thema (ist)

Daraus ergibt sich die Schlagzeile: In vier Jahren (1996 + 4 = 2000) der Herzog bei der Zehn das Thema ist. Dies bedeutet, dass es im Jahre 2000 einen Mann geben wird, der die Schlagzeilen beherrscht.

Nostradamus hat nicht nur ein Dreibuchstabensystem am Anfang jeder Verszeile untergebracht, sondern auch noch ein Vierbuchstabensystem nach jeweils 15 Anschlägen. Miteinander verbunden treffen die vier mal vier Buchstaben ebenfalls eine Aussage:

Dans cite ent	erex …	e rex	5 Könige
Du centre rapar	pers …	pers	persisch
Au x foi bles	port …	port	tragen
Met ter ont feu	mort …	mort	der Tod

Daraus ergibt sich die Schlagzeile: Fünf persische Könige tragen den Tod. Dies bedeutet, dass sich im Jahr 2000 fünf Länder im Nahen Osten auf der Linie des Iran, also im fundamentalistischen Lager, befinden werden. Auf sie ist ein Konflikt zurückzuführen, der um die Jahrtausendwende ausbricht.

Was hier in der Kürze beschrieben wurde, findet man in den Schablonen der Raute wieder. Schreibt man die ersten vier Buchstaben einer jeden Zeile der Verse in die Raute, dann haben wir vor uns:

```
D    D    A    M
A N  U C  U X  E T    man liest in den oberen Dreiecken DAN  DUC  AUX  MET
  S    E    F    T     man liest in den unteren Dreiecken ANS  CUE  FUY  TET
```

Auf die Schulung des Auges kommt es dann nur an, um den heimlichen Sinn in der Arbeit des Meisters Nostradamus zu entdecken.

Nun also die 100 Schlagzeilen für das 21. Jahrhundert:

2000 bis 2009

2000 Der Schlüssel durch Schlüssel
2001 Die Begeisterung hat Vorrang
2002 Schaut welche zehn Tore/Bögen
2003 Im A ein F, falsch die 100
2004 Unter sechzig sich A stellen wird
2005 Flache Wasserschiffe rasen
2006 Rasse, welche man getötet hat
2007 Im Recht die Hemisphäre der Lilie
2008 Indische Thesen zu viel Übles
2009 Dieses Furiose auf der Elf

2010 bis 2019

2010 Satanische Bögen des Furiosen
2011 These des Eisens, des Salzes der Bestien
2012 Erhöht die Macht durch den Bogen
2013 Sonne durch Sonne, nein
2014 Urne ha! Der rasenden Kaba
2015 Vater des Kopfes des Lebens geboren
2016 Feigheit durch den König
2017 Proteste durch Schreie sein werden
2018 Der Krieg der Hölle macht dies
2019 Spiel der Insel des Grinds

2020 bis 2029

2020 Alles wegen der Stiftung der Elf
2021 Durch Serben Gutes gemacht wird
2022 Kleines Städtchen in die Luft gestellt wird
2023 Stinkender Teil der Esel sich reinigen wird
2024 Die hundert Schritte durch Wissenschaft

2025 Ein kleines gutes Werk
2026 Die Länge von 200 Kolonnen
2027 Dem Leben ein Schlüssel „S"
2028 Sich zusammenfinden Barbaren
2029 Bestie dieser hundert Mützen

2030 bis 2039

2030 Keine Lähmung im „R"
2031 Das spaltende Salz
2032 Das Gesetz ein Siamese haben wird
2033 Der Flucht Hilfstafel
2034 Ungewisses den Barbaren gemacht wird
2035 Zwei Höcker, wo keine Trockenlegung
2036 R ist ballistischer Teil
2037 Müde des Marschierens geworden
2038 Zum Gekräuselten das Gefäß, das nach hinten ausschlägt
2039 Nahe das Jahr des Dienens

2040 bis 2049

2040 Laien haben dies
2041 Im L kein zwei in fünf
2042 In der Luft der eiserne Kopfharnisch
2043 Beleidigung gemacht dem Stroh
2044 Durch das Geflecht die Botschaft kommt
2045 Übles Eisen geht zum König
2046 Serbisches Leben Fehler macht
2047 Vom Blauen falsches Gesetz
2048 Von zwei Arten rote Luft
2049 Serbischer Garten

2050 bis 2059

2050 Üble Dekade – Name des Goldes

2051 Die serbische These gestoppt wird

2052 Zu 50 wird dort der Ort sein

2053 Letzte Bank der Galeere

2054 Geboren vom Kopf ohne Seele

2055 Der Sinn des bösen Schönen

2056 Beim Bogen der Luft das Betreffende

2057 Die Zerstörung des betreffenden Schlags

2058 Getötet welch Misstrauen

2059 Kopf Nizzas erscheint bei D

2060 bis 2069

2060 Bauern großes Feuer

2061 Ausgelassenheit, wo der Umweg

2062 Nahe der Barriere Hallo

2063 Zitterinstrument Moral

2064 Verwundet, was heiß macht

2065 Haben wird man dort Eisen

2066 Die hundert Lilien, welch König

2067 Das T sein T ist neues Wort

2068 Den Fluss zwei verlassen

2069 Aufgetischt ist die Flucht

2070 bis 2079

2070 Gelobt wird jedes Jahr

2071 Das Zuviel der Gesten

2072 Das Jahr des Führers wird vorübergegangen sein

2073 Die sehr süßen TD

2074 Beim Zurückrufen nicht dieses

2075 So zahlreich des Einen Köpfe

2076 Legalisierter Gebrauch ist der Fluss

2077 Dort alles sehr proklamiert

2078 Stoßen, Töten und wie

2079 Gemäß dem Trockenen gemacht

2080 bis 2089

2080 Gewaltsames Schleudern durch Eisenkleid

2081 Hübsches des Jahres des Dreifachen

2082 Verbrecherische Trägheit

2083 Debüt des GQ-Lebens

2084 Langsamkeit der Wiedergeborenen

2085 Erhoben hat es sich durch gewaltsames Schleudern

2086 Wie angewachsen das Irdische

2087 Boden gefriert bei der Zehn zum Reibeisen

2088 Eiserner Fuß des verletzten Kopfes

2089 Das Tier der sieben Spiele im Jahr

2090 bis 2099

2090 Szene stellt alles nach F

2091 Schlüssel zur 100 von einem, der lebt

2092 Von hübschen Menschen Verweigerung

2093 Die Kugel – Hoffnung danach

2094 Von N Gutes zu den Sechs

2095 In vier Jahren wird Parma Mund und Nase aufsperren

2096 In der Luft die These, die danach kommt

2097 Drei Themen pro Schlag

2098 Halle aller Schiffe

2099 Dort F gestellt wurde mehr und mehr

Der französische Originaltext der Verse für das 21. Jahrhundert

Die französischen Verse des Nostradamus wurden von mir auf der Grundlage der authentischen Originalsprache bereits mehrfach veröffentlicht (siehe Bibliographie), jedoch noch nie als Buchstabenketten geschrieben, das heißt, die Zwischenräume und die Interpunktion fehlen und lassen andere Interpretationsmöglichkeiten zu.

Für die ersten zehn Verse wurden als Beispiel auch die ermittelten Codebuchstaben, welche die Versüberschrift ergeben, vorangestellt.

IX. Centurie, Vers 100, Prophezeiung für das Jahr 2000:

Le gle par gles – Der Schlüssel durch Schlüssel

Leg	randEmpireseraparAngleterre
LeP	empotamdesansplusdetroiscens
Gra	ndescopiespasserparmeetterre
Les	Lusitainsnenserontpascontens

X. Centurie, Vers 1, Prophezeiung für das Jahr 2001:

Elan es primad – Die Begeisterung hat Vorrang

Ale	nnemylennemyfoypromise
Nes	etiendralescaptifsretenus
Pri	nspremremortetleresteenchemise
Dam	nelerestepourestresoustenus

X. Centurie, Vers 2, Prophezeiung für das Jahr 2002:

Voila g dix arc – Schaut, welche zehn Tore/Bögen

Voi	llegallerevoildenefcachera
Lag	randeclasseviendrasortirlamoindre
Dix	navesprochesletournerontpousser
Gra	ndevaincueuniesasoyioindre

X. Centurie, Vers 3, Prophezeiung für das Jahr 2003:

En A un F Fau le C – Im A ein F, falsch die 100

Ena   prescinqtroupeaunemettrahors

Unf   uytifpourPenelonlaschera

Fau   xmurmurersecoursvenirparlors

Lec   heflesiegelorsabandonnera

X. Centurie, Vers 4, Prophezeiung für das Jahr 2004:

Sus ses se pos A – Unter sechzig sich A stellen wird

Sus   laminuictconducteurdelarmee

Ses   auverasubitesvanouy

Sep   tansapreslafamenonblasmee

Aso   nretournediraoncouy

X. Centurie, Vers 5, Prophezeiung für das Jahr 2005:

Bla nev r acqua – Flache Wasserschiffe rasen

Alb   ietCastresferontnouvelleligue

Neu   fArriensLibonetPortugues

Car   casTholoseconsumerontleurbrigue

Qua   ndchefneufmonstredeLauragues

X. Centurie, Vers 6, Prophezeiung für das Jahr 2006:

Ras qu on a tues – Rasse, welche man getötet hat[2]

Sar   donNemanssihaultdesborderont

Quo   ncuideraDeucalionrenaistre

Dan   slecolosselapluspartfuyront

Ves   tasepulchrefeuestaintapparoistre

X. Centurie, Vers 7, Prophezeiung für das Jahr 2007:

Legeal Lis hem – Im Recht die Hemisphäre der Lilie

Leg   randconflitquonappresteaNancy

Lae   mathiendiratoutiesoubmets

Lis   leBritanneparvinselensolcy

Hem   mideuxPhilongtempsnetiendraMets

---

[2] Vermutlich sind damit die Juden gemeint.

X. Centurie, Vers 8, Prophezeiung für das Jahr 2008:

Ind tes la mort — Indische[3] Thesen zu viel Übles[4]

Ind   exetpoulseparfonderalefront
DeS   enegalialeComteasonfilspropre
LaM yrnameeparplusiursdeprinfront
Tro   isdansseptioursblessesmors

X. Centurie, Vers 9, Prophezeiung für das Jahr 2009:

Cette F sur ons — Dieses Furiose auf der Elf[5]

DeC astillonfiguriesiourdebrune
Def   emmeinfamenaistrasouverainprince
Sur   nomdechaussesperhumeluyposthume
Onc Roynefutsipireensaprovince

X. Centurie, Vers 10, Prophezeiung für das Jahr 2010:

Sat Art que en F — Satanische Bögen[6] des Furiosen

Tas   chedemeurdreenormesadulteres
Gra   ndennemydetoutlegenrehumain
Que serapirequ ayeulsonclesneperes
Enf   erfeueausanguinetinhumain

X. Centurie, Vers 11, Prophezeiung für das Jahr 2011:

These des Eisens, des Salzes der Bestien[7, 8]

Des   sousIoncheredudangereuxpassage
Fer   apasserlepostumesabande
Les   montsPyrenspasserhorssonbagage
DeP arpignancouriraDucaTende

---

[3] Nostradamus geht davon aus, dass Columbus Westindien entdeckt hat.
[4] Der Verstext könnte sich jedoch auch auf eine negative Entwicklung in Indien und im Fernen Osten beziehen.
[5] Gemeint sind die 100 Staaten der Rest-Uno.
[6] Dies bezieht sich auf die Flugbahnen der Interkontinentalraketen.
[7] Zunächst steht ein konventioneller Krieg bevor.
[8] Zurzeit ist noch unklar, was damit gemeint sein könnte. Möglicherweise besteht ein Zusammenhang mit Frankreich.

X. Centurie, Vers 12, Prophezeiung für das Jahr 2012:

Erhöht[9] die Macht durch den Bogen[10]

Esl	euenPapedesleuseramocque
Sub	itsoudainesmeupromptettimide
Par	tropbondouxamourirprovoque
Cra	inteestaintelanuictdesamortguide

X. Centurie, Vers 13, Prophezeiung für das Jahr 2013:

Sonne durch Sonne, nein[11]

Sou	zlapasturedanimauxruminant
Par	euxconduictsauventrehelbipolique
Sol	datscachezlesarmesbruitmenant
Non	loingtemptezdeciteAntipolique

X. Centurie, Vers 14, Prophezeiung für das Jahr 2014:

Urne[12] ha![13] der rasenden Kaba[14]

Urn	elVaucilesansconseildesoymesmes
Har	dittimideparcrainteprinsvaincu
Acc	ompagnedeplusieursputainsblesmes
Aba	rcellonneauxchartreuxconvaincu

X. Centurie, Vers 15, Prophezeiung für das Jahr 2015:

Vater des Kofes des Lebens[15] geboren

Per	educvieuxdansetdesoifcharge
Aui	ourextremefilsdesniantlesguiere

---

[9] „Erhöhen" bedeutet in der Sprache des Nostradamus häufig „an die Macht kommen".

[10] Weist auf eine Raketenflugbahn hin.

[11] Typischer Ausdruck für die Emotionalität des Nostradamus. Gemeint ist etwa: „Ihr, die ihr lebt, o Gott!" Somit ist der Höhepunkt der Auseinandersetzungen, die auch Europa in Gefahr bringen, für das Jahr 2013 zu erwarten.

[12] Bedeutet so viel wie Tod, Grab, das Ende.

[13] Gefühlsbetonter Ausruf.

[14] Erstaunlich, dass Nostradamus 1550 schon vom Heiligtum des Islam, der Kaaba wusste. Ich schließe daraus, dass er entweder den Orient bereist hat oder aber mit einer Person befreundet war, die den Orient gut kannte.

[15] Geburtsjahr einer Person, die etwa 45 Jahre später die Grundlage für einen länger anhaltenden Frieden legen wird, oder eines bedeutenden universellen Esoterikers.

Ded   anslepuisvifmortviendraplonge
Sen   ataufillamortlongueetlegere

X. Centurie, Vers 16, Prophezeiung für das Jahr 2016:
Feigheit durch den König
Heu   reuxauregnedeFranceheureuxdevie
Ign   orantsangmortfureuretrapine
Par   nonflateursserasmisenenvie
Roy   desrobetropdefoyeencuisine

X. Centurie, Vers 17, Prophezeiung für das Jahr 2017:
Proteste durch Schreie sein werden
LaR   oyneErgastevoyantsafilleblesme
Par   unregretdanslestomachenclos
Cry   slamentablesserontlorsdAngolesme
Eta   ugermainmariageforclos

X. Centurie, Vers 18, Prophezeiung für das Jahr 2018:
Der Krieg der Hölle macht dies
Ler   angLorrainferaplaceaVendosme
Leh   autmisbasetlebasmishaut
Lef   ilsdeHamonseraesleudansRome
Etl   esdeuxgrandsserontmissendefaut

X. Centurie, Vers 19, Prophezeiung für das Jahr 2019:
Spiel der Insel des Grinds
Iou   rqueseraparRoynesauluee
Lei   ourapreslesalutlapriere
Lec   omptefaitraisonetvalbuee
Par   avanthumbleoncquesnefutsifiere

X. Centurie, Vers 20, Prophezeiung für das Jahr 2020:
Alles wegen der Stiftung der Elf

Tou	slesamysquaurontteunuparty
Pou	rrudeenlettresmismortetsaccage
Bie	noubliezparfixegrandneanty
Onc	Romainpeuplenefuttantoutrage

X. Centurie, Vers 21, Prophezeiung für das Jahr 2021:
Durch Serben Gutes gemacht wird

Par	ledespitduRoysoustenantmoindre
Ser	ameurdryluypresentantlesbagues
Lep	ereaufilsvoulantnoblessepoindre
Fai	tcommeaPerseiadisfeirentlesMagues

X. Centurie, Vers 22, Prophezeiung für das Jahr 2022:
Kleines Städtchen in die Luft gestellt wird

Pou	rnevouloitconsentiraudivorce
Qui	puisapresseracognuindigne
Ler	oydesIslesserachasseparforce
Mis	asonlieuquideroynaurasigne

X. Centurie, Vers 23, Prophezeiung für das Jahr 2023:
Stinkender Teil der Esel sich reinigen wird

Aup	eupleingratfaicteslesremonstrances
Par	lorslarmeesesaisiradAntibe
Dan	slarcMonechferontlesdoleances
Eta	Freiuslunlautreprendraribe

X. Centurie, Vers 24, Prophezeiung für das Jahr 2024:
Die hundert Schritte durch Wissenschaft

Lac	aptifprinceauxItallesvaincu
Pas	seraGennesparmeriusquaMarseille
Par	grandeffortdesforenssurvaincu
Sau	fcoupdefeubarrilliqueurdabeille

X. Centurie, Vers 25, Prophezeiung für das Jahr 2025:

Ein kleines gutes Werk

Par	NebroouvrirdeBrisannepassage
Bie	nesloignezelragofaramuestra
Dan	sPelligouxeseracommisloutrage
Del	agranddameassisesurlorchestra

X. Centurie, Vers 26, Prophezeiung für das Jahr 2026:

Die Länge von 200 Kolonnen

Les	uccesseurvengerasonbeaufrere
Occ	uperregnesouzumbredevengeance
Occ	isostaclesonsangmortvitupere
Lon	gtempsBretaignetiendraaveclaFrance

X. Centurie, Vers 27, Prophezeiung für das Jahr 2027:

Dem Leben ein Schlüssel „S"

Par	lecinquiesmeetungrandHercules
Vie	ndrontletempleouvrirdemainbellique
UnC	lementIuleetAscansreculescules
Les	peeclefaigleneurentoncsigrandpicque

X. Centurie, Vers 28, Prophezeiung für das Jahr 2028:

Sich zusammenfinden Barbaren

Sec	ondettiersquifontprimemusique
Ser	aparRoyenhonneursublimee
Par	grasseetmaigrepresquedemyeticque
Rap	ortdeVenusfaulxrendradeprimee

X. Centurie, Vers 29, Prophezeiung für das Jahr 2029:

Bestie dieser hundert Mützen

DeP	Olmansoldanscavernecaprine
Cac	heetprinsextraithorsparlabarbe
Cap	tifmenecommebestemastine
Par	BegourdansameneepresdeTarbe

X. Centurie, Vers 30, Prophezeiung für das Jahr 2030:

Keine Lähmung im „R"

Nep	veuetsangdusaintnouveauvenu
Par	lesurnomsoustientarcsetcouvert
Ser	ontchassezetmisamortchasseznu
Enr	ougeetnoirconvertirontleurvert

X. Centurie, Vers 31, Prophezeiung für das Jahr 2031:

Das spaltende Salz

Les	ainctempirevienraenGermanie
Ism	aelitestrouverontlieuxouverts
Ane	svoudrontaussilaCarmanie
Les	soustenansdeterretouscouverts

X. Centurie, Vers 32, Prophezeiung für das Jahr 2032:

Das Gesetz ein Siamese haben wird

Leg	randempirechacunandevoitestre
Uns	urlesautresleviendraobtenir
Mai	speudetempsserasonregneetestre
Deu	xansauxnavessepourrasoustenir

X. Centurie, Vers 33, Prophezeiung für das Jahr 2033:

Der Flucht Hilfstafel

Laf	actioncrellearobbelongue
Vie	ndracachersouzlespointuspoignards
Sai	sirFlorenceleducetlieudiphlongue
Sad	escouverteparimmursetflangnards

X. Centurie, Vers 34, Prophezeiung für das Jahr 2034:

Ungewisses den Barbaren gemacht wird

Gau	loisquempireparguerreoccupera
Par	sonbeaufreremineurseratrahy
Par	chevalrudevoltigeanttrainera
Duf	aitlefrerelongtempsserahay

X. Centurie, Vers 35, Prophezeiung für das Jahr 2035:

Zwei Höcker, wo keine Trockenlegung

Pui   snayroyalflagranddardantlibide
Pou   rseiouyrdecousinegermanine
Hab   itdefemmeautempledArthemide
All   antMeurdryparincognuduMaine

X. Centurie, Vers 36, Prophezeiung für das Jahr 2036:

R ist ballistischer Teil

Apr   esleRoydusoucqguerresparlant
Lis   leHarmotiqueletiendraamespris
Que   lquesansbonsrongeantunetpillant
Par   tyranniealIslechangeantpris

X. Centurie, Vers 37, Prophezeiung für das Jahr 2037:

Müde des Marschierens geworden

Las   sembleegrandepresdulacdeBorget
Ser   alierontpresdeMontmelian
Mar   achansplusoutrepensifsferontproget
Cha   mbryMorianecombatsainctIulian

X. Centurie, Vers 38, Prophezeiung für das Jahr 2038:

Zum Gekräuselten das Gefäß, das nach hinten ausschlägt

Amo   uralegrenonloingposelesiege
Aus   ainctbarbarserontlesgarnisons
Urs   insHadriepourGauloisferontplaige
Pou   rpeurrendusdelarmeeauxGrisons

X. Centurie, Vers 39, Prophezeiung für das Jahr 2039:

Nahe das Jahr des Dienens

Pre   mierfilsvefeumalheureuxmariage
San   snulsefansdeuxIslesendiscord
Ava   ntdixhuictincompetanteage
Del   autrepresplusbasseralaccord

X. Centurie, Vers 40, Prophezeiung für das Jahr 2040:

Laien haben dies

Lei	eunenayauregneBritannique
Qua	uraleperemourantrecommande
Ice	luymortLonolEdonratopique
Eta	sonfilsleregnedemande

X. Centurie, Vers 41, Prophezeiung für das Jahr 2041:

Im L kein zwei in fünf

Enl	afrontieredeCaussadeetCharlus
Non	guieresloingdufonddelavallee
Dev	illeFranchemusiqueasondeluths
Env	ironnezcomboulsetgrandmittee

X. Centurie, Vers 42, Prophezeiung für das Jahr 2042:

In der Luft der eiserne Kopfharnisch

Ler	egnehumaindAngliquegeniture
Fer	asonregnepaixuniontenir
Cap	tiveguerredemydesaclosture
Lon	gtempslapaixleurferamaintenir

X. Centurie, Vers 43, Prophezeiung für das Jahr 2043:

Beleidung gemacht dem Stroh

Let	ropbontempstropdebonteroyalle
Fai	tetdeffaispromptsubitnegligence
Leg	ierscroirafauxdespouseloyalle
Luy	misamortparsabenevolence

X. Centurie, Vers 44, Prophezeiung für das Jahr 2044:

Durch das Geflecht die Botschaft kommt

Par	lorsquunRoyseracontrelessiens
Nat	ifdeBloyesubiugueraLigures
Mam	melCordubeetlesDalmatiens
Des	septpuislombreaRoyestrennesetlesmures

X. Centurie, Vers 45, Prophezeiung für das Jahr 2045:

Übles Eisen geht zum König

Lom   breduregnedeNavarrenonvray

Fer   alaviededesortillegitime

Lav   eupromisincertaindeCambray

Roy   Orleansdonramurlegitime

X. Centurie, Vers 46, Prophezeiung für das Jahr 2046:

Serbisches Leben Fehler macht

Vie   sortmortdelorvilaineindigne

Ser   adeSaxenonnouveauelecteur

DeB   runsvicmandradarmoursigne

Fau   xlerendantaupeupleseducteur

X. Centurie, Vers 47, Prophezeiung für das Jahr 2047:

Vom Blauen falsches Gesetz

DeB   ourzevillealaDameGuyrlande

Lon   mettrasusparlatrahisonfaicte

Leg   randPrelatdeLeonparFormande

Fau   xpellerinsetravisseursdeffaicte

X. Centurie, Vers 48, Prophezeiung für das Jahr 2048:

Von zwei Arten rote Luft

Dup   lusprofonddelEspaigneenseigne

Sor   tantduboutetdesfinsdelEurope

Tro   ublespassantaupresdupontdeLaigne

Ser   adeffaicteparbandesagrandtroupe

X. Centurie, Vers 49, Prophezeiung für das Jahr 2049:

Serbischer Garten

Iar   dindumondeaupresdeciteneufve

Dan   slechemindesmontagncscavees

Ser   asaisietplongedanslacuve

Bea   uvantparforceeauxsoulphreenvenimees

X. Centurie, Vers 50, Prophezeiung für das Jahr 2050:

Üble Dekade — Name des Goldes

LaM	euseauiourterredeLuxembourg
Dec	ouvriraSaturneettroisenlurne
Mon	taigneetpleinevilleciteetbourg
Lor	raindelugetrahisonpargrandhurne

X. Centurie, Vers 51, Prophezeiung für das Jahr 2051:

Die serbische These gestoppt wird

Des	lieuxplusbasdupaysdeLorraine
Ser	ontdesbassesAllemaignesunis
Par	ceuxdusiegePicardsNormansduMaisne
Eta	uxcantonsseserontreunis

X. Centurie, Vers 52, Prophezeiung für das Jahr 2052:

Zu 50 wird dort der Ort sein

Aul	ieuouLayeetSceldesemarient
Ser	ontlesnopcesdelongtempsmaniees
Aul	ieudAnversoulacrappecharient
Ieu	nevieillesseconsorteintaminee

X. Centurie, Vers 53, Prophezeiung für das Jahr 2053:

Letzte Bank der Galeere

Les	troispelicesdeloingsentrebatron
Lap	lusgrandmoindredemeureraalescoute
Leg	randSelinnenserapluspatron
Len	ommerafeupeltreblancheroutte

X. Centurie, Vers 54, Prophezeiung für das Jahr 2054:

Geboren vom Kopf ohne Seele

Nee	encemondeparconcubinefertive
Ade	uxhaultmiseparlestristesnouvelles
Ent	reennemisseraprinsecaptive
Ame	neeeMalingsetBruxelles

X. Centurie, Vers 55, Prophezeiung für das Jahr 2055:

Der Sinn des bösen Schönen

Les	malheureusesnopcescelebreront
Eng	randeioyemaislafinmalheureuse
Mar	yetmerenoredesdaigneront
LeP	hibemortetnorepluspiteuse

X. Centurie, Vers 56, Prophezeiung für das Jahr 2056:

Beim Bogen der Luft das Betreffende

Pre	latroyalsonbaissanttroptire
Gra	ndfluxdesangsortiaparsabouche
Ler	egneAnglicqueparregnerespire
Lon	gtempsmortvifsenTuniscommesouche

X. Centurie, Vers 57, Prophezeiung für das Jahr 2057:

Die Zerstörung des betreffenden Schlags

Les	ublevenecognoistrasonsceptre
Les	enfansieunesdesplusgrandhonnira
Onc	quesnefutunplusordcruelestre
Pou	rleursespousesamortnoirbannita

X. Centurie, Vers 58, Prophezeiung für das Jahr 2058:

Getötet welch Misstrauen

Aut	empsdudueilquelefelinmonarque
Gue	rroyeraleieuneAemathien
Gau	lebranslerpercliterlabarque
Ten	terPhossensauPonantentretien

X. Centurie, Vers 59, Prophezeiung für das Jahr 2059:

Kopf Nizzas erscheint bei D

Ded	ansLyonvingtcinqdunehalaine
Cin	qcitoyensGermainsBressansLatins
Par	dessousnobleconduirontlonguetraine
Erd	escouvertsparabboisdemastins

X. Centurie, Vers 60, Prophezeiung für das Jahr 2060:

Bauern großes Feuer

Iep	leureNisseMannegoPizeGennes
Sav	onneSienneCapueModeneMalte
Led	essussangetglaiveparestrennes
Feu	tremblerterreeaumalheureusenolte

X. Centurie, Vers 61, Prophezeiung für das Jahr 2061:

Ausgelassenheit, wo der Umweg

Bet	taVienneEmorreSacarbance
Vou	drontlivrerauxBarbaresPannone
Def	euetsangencitedBisance
Les	coniurezdescouvertsparmatrone

X. Centurie, Vers 62, Prophezeiung für das Jahr 2062:

Nahe der Barriere Hallo

Pre	sdeSorbinpourassaillirOngrie
Lhe	rautdeBrudeslesviendraavertir
Che	fBisantinSallondeSclavonie
Alo	ydArabeslesviendraconvertir

X. Centurie, Vers 63, Prophezeiung für das Jahr 2063:

Zitterinstrument Moral

Cyd	ronRaguselaciteausainctHieron
Rev	erdiralemedicantsecours
Mor	tfilsdeRoyparmortdedeuxheron
Lar	abeOngrieferontunmesmecours

X. Centurie, Vers 64, Prophezeiung für das Jahr 2064:

Verwundet, was heiß macht

Ple	ureMilanpleureLucquesFlorance
Que	tongrandDucsurlecharmontera
Cha	ngerlesiegepresdeVenisesadvance
Lor	squeColonneaRomechangera

X. Centurie, Vers 65, Prophezeiung für das Jahr 2065:

Haben wird man dort Eisen

Ova	steRometaruynesapproche
Non	detesmursdetonsangetsubstance
Las	preparlettresferasihorriblecoche
Fer	poinctumisatousiusquesaumanche

X. Centurie, Vers 66, Prophezeiung für das Jahr 2066:

Die hundert Lilien, welch König

Lec	hefdeLondresparregnelAmerich
Lis	ledEscossetempierapargelee
Roy	RebaurontunsifauxAntechrist
Qui	lesmettratrestousdanslameslee

X. Centurie, Vers 67, Prophezeiung für das Jahr 2067:

Das T sein T ist neues Wort

Let	remblementsifortaumoisdeMay
Sat	urneCaperIupiterMercureaubœuf
Ven	usaussiCancerMarsenNonnay
Tom	beragreslelorsplusgrossequunœuf

X. Centurie, Vers 68, Prophezeiung für das Jahr 2068:

Den Fluss zwei verlassen

Lar	meedemerdevantcitetiendra
Pui	spartirasansfairelongueallee
Cit	oyensgrandeproyeenterreprendra
Ret	ournerclassereprendregrandeemblee

X. Centurie, Vers 69, Prophezeiung für das Jahr 2069:

Aufgetischt ist die Flucht

Lef	erluysantdeneufvieuxesleve
Ser	ontsigrandsparMidyAquilon
Des	aseurpropregrandesallesleve
Fuy	antmeurdryaubuissondAmbellon

X. Centurie, Vers 70, Prophezeiung für das Jahr 2070:

Gelobt wird jedes Jahr

Loe ilparobiectferatelleexcroissance

Tan tetardentequetomberalaneige

Cha mparrouseviendraendecroissance

Que leprimatsuccomberaaRege

X. Centurie, Vers 71, Prophezeiung für das Jahr 2071:

Das Zuviel der Gesten

Lat erreetlairgelerontsigrandeau

Lor squonviendrapourleudyvenerer

Ceq uiseraiamaisnefutsibeau

Des quatrepartsleviendronthonorer

X. Centurie, Vers 72, Prophezeiung für das Jahr 2072:

Das Jahr des Führers wird vorübergegangen sein

Lan milneufcensnonanteneufseptmois

Duc ielviendraungrandRoydeffrayeur

Res usciterlegrandRoydAngolmois

Ava ntapresMarsregnerparbonheur

X. Centurie, Vers 73, Prophezeiung für das Jahr 2073:

Die sehr süßen TD

Let empspresentavecqueslepasse

Ser aiugepargrandlovialiste

Lem ondetardluyseralasse

Etd esloylparleclergeiuriste

X. Centurie, Vers 74, Prophezeiung für das Jahr 2074:

Bei Zurückrufen nicht dieses

Aur evoludugrandnombreseptiesme

App aroistraautempsieuxdHecatombe

Non esloignedugrandaagemilliesme

Que lesentrezsortirontdeleurtombe

X. Centurie, Vers 75, Prophezeiung für das Jahr 2075:
So zahlreich des Einen Köpfe

Tan	tattendunereviendraiamais
Ded	anslEuropeenAsieapparoistra
Und	elaligueyssudugrandHermes
Ets	urtousRoysdesOrientscroista

X. Centurie, Vers 76, Prophezeiung für das Jahr 2076:
Legalisierter Gebrauch ist der Fluss

Leg	randSenatdiscerneralapompe
Alu	nquapresseravaincuchassez
Ses	adheransserontasondetromps
Bie	nspulbliezennemisdechassez

X. Centurie, Vers 77, Prophezeiung für das Jahr 2077:
Dort alles sehr proklamiert

Tre	nteadheransdelordredesquirettes
Ban	nisleursbiensdonnezsesadversaires
Tou	sleursbienfaitsserontpourdemerites
Cla	sseespargiedelivrezauxCorsaires

X. Centurie, Vers 78, Prophezeiung für das Jahr 2078:
Stoßen, töten und wie

Sub	iteioyeensubitetristesse
Ser	aaRomeauxgracesembrasses
Due	ilcrispleurslarmsangexcellentliesse
Con	trairesbandessurprinsesettroussees

X. Centurie, Vers 79, Prophezeiung für das Jahr 2079:
Gemäß dem Trockenen gemacht

Les	vieuxcheminsseronttousembellis
Lon	passeraaMemphissomentrees
Seg	randMercuredHerculesfleurdelys
Fai	santtremblerterremeretcontrees

X. Centurie, Vers 80, Prophezeiung für das Jahr 2080:

Gewaltsames Schleudern durch Eisenkleid

Aur	egnegranddugrandregneregnant
Par	forcedarmeslesgrandsportesdairain
Fer	aouvrirleRoyetDucioignant
Por	tdemolynefafonsourserain

X. Centurie, Vers 81, Prophezeiung für das Jahr 2081:

Hübsches des Jahres des Dreifachen

Mis	tresortemplecitadinsHesperiques
Dan	siceluyretireensecretlieu
Let	empleouvrirlesliensfameliques
Rep	rensavisproyehoribleaumilieu

X. Centurie, Vers 82, Prophezeiung für das Jahr 2082:

Verbrecherische Trägheit

Cri	spleurslarmesviendrontaveccouteaux
Sem	blantfuirdonrontdernierassault
Len	tourparquesplanterprofondsplateaux
Vif	srepoussezetmeurdrisdeprinsault

X. Centurie, Vers 83, Prophezeiung für das Jahr 2083:

Debüt des GQ-Lebens

Deb	ataillerneseradonnesigne
Dup	arcserontcontraintsdesortirhors
DeG	andlentourseracogneulensigne
Qui	feramettredetouslessiensamorts

X. Centurie, Vers 84, Prophezeiung für das Jahr 2084:

Langsamkeit der Wiedergeborenen

Len	aturelleasihaultnonbas
Let	ardretourferamariscontens
LeR	ecloingneserasansdebats
Ene	mployantetperdanttoutsontemps

X. Centurie, Vers 85, Prophezeiung für das Jahr 2085:

Erhoben hat es sich durch gewaltsames Schleudern

Lev   ieiltribunaupointdelatrehemide

Ser   apresseecaptifnedelivrer

Lev   ueilnonvueillemalparlanttimide

Par   legitimaeaseamislivrer

X. Centurie, Vers 86, Prophezeiung für das Jahr 2086:

Wie angewachsen das Irdische

Com   meungryphonviendraleRoydEurope

Acc   ompagnedeceuxdAquilon

Der   ougesetblancsconduiragrandtroupe

Eti   rontcontreleRoydeBabylon

X. Centurie, Vers 87, Prophezeiung für das Jahr 2087:

Boden gefriert bei der Zehn zum Reibeisen

Gra   ndRoyviendraprendreportpresdeNisse

Leg   randempiredelamortsienfera

Aux   Antipollesposerasongenisse

Par   merlaPilletoutesvanouyra

X. Centurie, Vers 88, Prophezeiung für das Jahr 2088:

Eiserner Fuß des verletzten Kopfs

Pie   dsetChevalalasecondeveille

Fer   ontentreevastienttoutparlamer

Ded   anslepoilentrerade Marseille

Ple   urscrysetsangoncnultempssiamer

X. Centurie, Vers 89, Prophezeiung für das Jahr 2089:

Das Tier der sieben Spiele im Jahr

Deb   riqueenmarbreserontlesmursreduits

Sep   tetcinquanteanneespacifiques

Ioy   eauxhumainsrenouelaqueduict

San   tegrandsfruictsioyeettempsmelifique

X. Centurie, Vers 90, Prophezeiung für das Jahr 2090:

Szene stellt alles nach F.

Cen	tfoismourraletyraninhumain
Mis	asonlieuscavantetdebonnaire
Tou	tleSenatseradessoussamain
Fas	cheseraparmalintermeraire

X. Centurie, Vers 91, Prophezeiung für das Jahr 2091:

Schlüssel zur 100 von einem, der lebt

Cle	rgeRomainlanmilsixcensetneuf
Auc	hefdelanferaelection
Dun	grisetnoirdelaCompagneyssu
Qui	oncnefutsimaling

X. Centurie, Vers 92, Prophezeiung für das Jahr 2092:

Von hübschen Menschen Verweigerung

Dev	antleperelenfantseratue
Lep	ereapresentrecordesdeionc
Gen	evoispeupleseraesvertue
Gis	antlechefaumilieucommeuntronc

X. Centurie, Vers 93, Prophezeiung für das Jahr 2093:

Die Kugel – Hoffnung danach

Lab	arqueneufverecevralesvoyages
Lae	tauprestransferontlEmpire
Bea	ucaireArlesretiendrontleshostages
Pre	sdeuxcolonnestrouveesdePorphire

X. Centurie, Vers 94, Prophezeiung für das Jahr 2094:

Von N Gutes zu den Sechs

DeN	ismesdArlesetViennecontemner
Nob	eytoutaledictdHespericque
Aux	labouriezpourlegrandcondamner
Six	eschappezenhabitseraphicque

X. Centurie, Vers 95, Prophezeiung für das Jahr 2095:

In vier Jahren wird Parma Mund und Nase aufsperren

Dan   slesEspaignesviendraRoytrespuissant
Par   meretterresubiuguantorMidy
Cem   alferarabaissantlecroissant
Bai   sserlesaislesaceuxduVendredy

X. Centurie, Vers 96, Prophezeiung für das Jahr 2096:

In der Luft die These, die danach kommt

Rel   igondunomdemersvaincra
Con   trelasectefilsAdaluncatif
Sec   teobstineedeploreecraindra
Des   deuxblessezparAlephetAleph

X. Centurie, Vers 97, Prophezeiung für das Jahr 2097:

Drei Themen pro Schlag

Tri   remespleinestoutaagecaptifs
Tem   psbonamalledouxpouramertume
Pro   yeaBarbarestroptrostseronthastifs
Cup   idedevoirplaindreauventlaplume

X. Centurie, Vers 98, Prophezeiung für das Jahr 2098:

Halle aller Schiffe

Las   plendeurclaireapucellejoyeuse
Nel   uyrapluslongtempsserasanssel
Ave   cmarchansruffiensloupsodieuse
Tou   speslemeslemonstreuniversel

X. Centurie, Vers 99, Prophezeiung für das Jahr 2099:

Dort F gestellt wurde mehr und mehr

Laf   inlelouplelyonboeufetlasne
Tim   idedamaserontavecmastins
Plu   snecherraaeuxladoucemanne
Plu   svigilanceetcustodeauxmastins

Die deutsche Übersetzung der Verse für das 21. Jahrhundert

IX. CENTURIE, VERS 100, PROPHEZEIUNG FÜR DAS JAHR 2000:
Die große Herrschaft wird durch das Engelland errichtet
Dem zweifach ungeschickten Geist für mehr als 300 Jahre
Große Serienfahrzeuge fahren über das Meer und das Land
Die mit klarem Verstand werden darüber nicht glücklich sein

X. CENTURIE, VERS 1, PROPHEZEIUNG FÜR DAS JAHR 2001:
Den Feinden die Feinde den Glauben versprechen
Nicht werden sich halten Protestdemonstrationen
der wieder in die Gefangenschaft Geführten
Der Prinz ist als Erster tot, der Rest im Hemd
Verdammt der Rest, um im Gleichgewicht zu sein

X. CENTURIE, VERS. 2, PROPHEZEIUNG FÜR DAS JAHR 2002:
Getarnte Galeeren segeln, um vom Neuen zu kaufen
Die von hohem Rang werden sich von den Minderen trennen
Zehn Schiffe nähern sich dem Abstoßpunkt
Viele Besiegte vereinigen sich zu einem eigenen Zusammenschluss

X. CENTURIE, VERS 3, PROPHEZEIUNG FÜR DAS JAHR 2003:
Weil man danach nicht fünf Stützpunkte außerhalb stellt
Ein Feuer dort man wird kaufen
Bei Zehn Murren – Hilfe kommt von den Goldenen
Speichelleckerei vor dem Stuhl –
die Goldenen werden verlassen sein

X. CENTURIE, VERS 4, PROPHEZEIUNG FÜR DAS JAHR 2004:
Hoch zur Mitternacht der Armeeführer
Wird sich retten – plötzlich ist er auserwählt bei 1
Sieben Jahre danach – die Seele wird nicht verflucht
Bei seiner Rückkehr man wird sagen – 1 Unze, wo 10

X. Centurie, Vers 5, Prophezeiung für das Jahr 2005:
Zu Füßen von hundert Sternen
wird es eine neue Vereinigung geben
Neues Dürre – nichts Gutes für ihn – Grenze der Art
Wenn die höllischen Kasten unter dem Meer zusammen sind,
vollendet sich ihr Preis brennend
Wenn beim Herrn der Neun – das Monster sich wütend wäscht

X. Centurie, Vers 6, Prophezeiung für das Jahr 2006:
Sarazenen geben sich 1000 Jahre –
so hoch wie die unbegrenzte Luft
Wenn die Zeit des Brennens kommt –
zwei zum Löwen wiedergeboren
In vier Jahren der Riese die meisten zur Flucht bringt
Fünf ist eins – Grabstätte des Feuers im Osten
zum Vorschein kommt

X. Centurie, Vers 7, Prophezeiung für das Jahr 2007:
Großer Streit, den man im alten Jahr vorbereitet
Das Ausgemergelte spricht zu allen – ich bin die Suppenspeise
Die Insel der Briten wird durch salzigen Wein gereizt
Im Halbkreis gesetzt zwei Fäden – 11 Zeiten halten nicht Mahl-
zeiten

X. Centurie, Vers 8, Prophezeiung für das Jahr 2008:
Indien bei 10 und Kugeln schmelzen – Zeit der Luft
Vom Senat der Bitternis geht der Graf zu seinem sauberen Sohn
Der Myrrhen nicht beseelt durch die meisten
der auserwählten Stimmen
Vier Könige in sieben Tagen tödlich verletzt

X. CENTURIE, VERS 9, PROPHEZEIUNG FÜR DAS JAHR 2009:
Für 100 Sterne, die man darstellt – Tage der Reifung
Von der durchtriebenen Frau
werden zwei selbstständige Prinzen geboren
Im Namen der Sachen, die man erahnt –
werden nachträglich Gesetze gemacht
Elf Könige werden es nicht machen
viel schlimmer in ihren Provinzen

X. CENTURIE, VERS 10, PROPHEZEIUNG FÜR DAS JAHR 2010:
Vier gekaufte Mörder – ungeheurer Krieg entsteht
Großer Feind des ganzen menschlichen Geschlechts
Er wird sein schlimmer als derjenige der Großväter –
elf sie gebären zwei Kriege
Mit Eisen, Feuer, Wasser – blutig und unmenschlich

X.CENTURIE, VERS 11, PROPHEZEIUNG FÜR DAS JAHR 2011:
Unter der ionischen Küche – die gefährliche Vorbeifahrt
Wird sein vorübergehend der Nachgeborenen Last
In den Bergen das Schlimmste geht vorüber ohne Belastung
Vom Bärtigen nicht beachtet – im Regierungssitz
lacht der Herzog über die Falle

X. CENTURIE, VERS 12, PROPHEZEIUNG FÜR DAS JAHR 2012:
Erhöht das Papsttum – erniedrigt wird sein die Moschee
Plötzlich Soutanen im Aufruhr – schnell und schüchtern
Durch zu viel Gutes – das Süße zum Sterben herausfordert
Die Furcht ihn in der Nacht seines Todes verlässt

X. CENTURIE, VERS 13, PROPHEZEIUNG FÜR DAS JAHR 2013:
Unter den Niederen – Not der wiederkäuenden Tiere
Erscheint die 10 – geführt zum Sieg
im Wind der zweipoligen Liga
Versteckte Soldaten lenken die dröhnenden Waffen
Nicht fern die Zeit der Erprobung der gegenpoligen Stadt

X. Centurie, Vers 14, Prophezeiung für das Jahr 2014:
Urne des Kalbes – wenn die Jahre der Ratschläge
für die sich selbst aufgebend da sind
Spricht die Herde schüchtern – aus Furcht vor dem
siegreichen Prinzen
Begleitet werden die meisten von Schwestern
erbleichter Eiterpusteln
Zum Teil man hat sie nicht zu Einsiedlerinnen gemacht

X. Centurie, Vers 15, Prophezeiung für das Jahr 2015:
Zwei Kriege werden vom alten Führer
in vier Jahren geführt und vom Durst beladen
Am außerordentlichen Tag – der Sohn verleugnet die Sucher
Inmitten der Macht des Lebens – der Tod wird kommen –
rau und lang bei der Elf
Der Senat auf der Insel stirbt – lange und leicht

X. Centurie, Vers 16, Prophezeiung für das Jahr 2016:
Glücklich Frankreich zu regieren – glücklich zu leben
Unbekannt Blut Tod Furioses und Verbrechen
Keiner Blähung ausgesetzt wird sein das Leben
Der König ist entkleidet –
viele im Glauben sich in der Folge einweihen

X. Centurie, Vers 17, Prophezeiung für das Jahr 2017:
Die Königin wird erwählt – die Sterne sehen ihre Insel verletzt
Durch ein Bedauern im Osten – Schaden eingezäunt
Wehklagende Schreie werden infolgedessen
die Engel erzürnt haben
Und in Deutschland – Hochzeit ist ausgesetzt

X. CENTURIE, VERS 18, PROPHEZEIUNG FÜR DAS JAHR 2018:
Die Luft die goldenen Engel – Zeit des Verkaufs der Plätze
Das Hohe wird tief stürzen und das Niedere wird erhöht
Der Sohn der Woge des Blutes wird in Rom erwählt
Und die zwei Großen werden den Missstand herbeigeführt haben

X. CENTURIE, VERS 19, PROPHEZEIUNG FÜR DAS JAHR 2019:
Der Tag wird durch den König nicht begrüßt werden
Am Tage danach – der Gruß wird das Gebet sein
Die Abrechnung macht den Verstand weiß
Scheuklappen der demütigen Elf –
welche nicht gemacht haben solch einen Krieg

X. CENTURIE, VERS 20, PROPHEZEIUNG FÜR DAS JAHR 2020:
Alle die Freunde, welche die Partei gehalten haben
Wegen der Rauheit in Verträgen waren –
sind dem Tod und der Plünderung preisgegeben
Wohl vergessend, sich wegen des großen Nichts festzulegen
Elf römische Völker nichts als Beleidigungen machen

X. CENTURIE, VERS 21, PROPHEZEIUNG FÜR DAS JAHR 2021:
Durch den Despotismus wird die Minderheit gestützt
Die Ermordung wird vorgeführt zu Ostern
Wegen der zwei Kriege auf den Inseln –
fliegende Adelige zum Vorschein kommen
Hilfe wie einstmals in Persien –
gemacht werden die gleichen Fehler

X. CENTURIE, VERS 22, PROPHEZEIUNG FÜR DAS JAHR 2022:
Um nicht die Übereinstimmung zu bekommen –
man redet von Scheidung
Welche Macht soll gleichgestellt sein – Entrüstung
Der König der Inseln wird mit allen Kräften gejagt werden
In Verbannung geschickt – die vom König nicht unterschrieben ist

X. CENTURIE, VERS 23, PROPHEZEIUNG FÜR DAS JAHR 2023:
Dem Volk zeigen sich unangenehme Tatsachen –
sie wieder zeigen Ranziges
Dadurch die Armee besetzt Zusammengeschrumpftes
Im Tor des Geldes sie führen Wehklagen
Und um das Recht wiederzubekommen –
einer nach dem anderen in hitzige Wut gerät

X. CENTURIE, VERS 24, PROPHEZEIUNG FÜR DAS JAHR 2024:
Der gefangene Prinz wird bei der 10 siegreich sein
Vorüber geht die Zeit der Beengung durch das Meer
bis nach Marseille
Durch große Anstrengungen der Goldenen für die Besiegten
Die Insel wohlbehalten übersteht den Schlag des Feuers
durch die in der Luft befestigten Inseln

X. CENTURIE, VERS 25, PROPHEZEIUNG FÜR DAS JAHR 2025:
Wenn du nicht für das Öffnen des Zerbrechlichen bist –
überquere es nicht
Wohl dem, der sich fernhält diesem Anwerben
für das östliche Geweih
Vier Jahre werden die Hautabschuppungen andauern
wie auf den Inseln der Tragödie
Die vier großen Seelen sitzen im Orchester

X. CENTURIE, VERS 26, PROPHEZEIUNG FÜR DAS JAHR 2026:
Der Erfolgreiche wird rachsüchtig sein
auf die Haut seines Stiefbruders
Wenn er die Macht besitzt – höchster Grad der Rache
Getötet die Geisel – ihr Blut und Tod wird verdammt
Lange Zeit noch wird das Lamm zu Frankreich halten

X. CENTURIE, VERS 27, PROPHEZEIUNG FÜR DAS JAHR 2027:
Durch ein Fünftel und einen großen Gewaltigen
Wird der Tempel geöffnet werden mit kriegerischer Hand
Eins – 100 dem Lügenkerl und die Skandierer bekommen es
Der Hoffnung Schlüssel der Adler –
dann nicht den großen Stachel haben wird

X. CENTURIE, VERS 28, PROPHEZEIUNG FÜR DAS JAHR 2028:
Das Geheimnis kennt man – und drei gründen die erste Musik
Werden sein durch den König in Ehren unsterblich gemacht
Durch Fettes und Mageres bei der halben Ethik
Bericht von der Venus – Fehler bei der 10
bringt Niedergeschlagenheit zurück

X. CENTURIE, VERS 29, PROPHEZEIUNG FÜR DAS JAHR 2029:
Vom Pol für 1000 Jahre die Sonne
in die veränderliche Höhle gebracht
Versteckt und gefangen –
nach außerhalb gezogen durch den Bart
Gefangen geführt wie Kranke die Masse der Eingeweihten
Der Hof des Bärtigen in Zuleitung nach den 4 Bäumen

X. CENTURIE, VERS 30, PROPHEZEIUNG FÜR DAS JAHR 2030:
Nicht stinkend angezogen – Engel des heiligen Neuen kommt
Durch den Beinamen unterhält man das Tor, das entdeckt wurde
Wird sein gejagt – hingestellt zum Sterben – nackt gejagt
Aus Rotem und Schwarzem umgewandelt – ihr Grün

X. CENTURIE, VERS 31, PROPHEZEIUNG FÜR DAS JAHR 2031:
Das heilige Reich wird kommen in Deutschland
Ismaeliten werden gefunden haben die Orte, wo es grün ist
Esel werden wollen auch dort handwerken
Die Unterstützungen der Erde alles öffnen

X. CENTURIE, VERS 32, PROPHEZEIUNG FÜR DAS JAHR 2032:
Das große Reich jeden, der in der Pflicht steht, sehr prüft
Eines ist sauer, die anderen werden das Leben erlangen
Aber nur wenig Zeit für die gründliche Prüfung sein wird
Zwei Jahre auf Schiffen kann man standhalten

X. CENTURIE, VERS 33, PROPHEZEIUNG FÜR DAS JAHR 2033:
Die chemische Tatsache ist grausam und mit langem Kleid
Wird kommen diese Teuerung an der Stelle,
wo die Dolche gebraucht werden
Ergriffen wird die Woge des Gefrorenen von dem Ort
des zweifachen Aufbegehrens
Ihr Herabstieg geöffnet durch Grenzenloses
und lange es nichts Natürliches gibt

X. CENTURIE, VERS 34, PROPHEZEIUNG FÜR DAS JAHR 2034:
Gallier, welche herrschen durch den Krieg der Besetzung
Durch den schönen Ton – arme Brüder werden verraten
Durch das derbe Pferd – Zeit der riesigen Gewölbe
Der Tatsachen wegen das Seltene lange Zeit wird eingezäunt sein

X. CENTURIE, VERS 35, PROPHEZEIUNG FÜR DAS JAHR 2035:
Dann der König ist gegangen zum Großen –
von der Kunst ist er gierig geworden
Um sich zu vergnügen mit der leiblichen Base
Gewohnheit reißt mit – zur Zeit der Kunst
des halben Gedankens – Begriffsvorstellung
Zuvor getötet durch Fehlerhaftes der Hände

X. Centurie, Vers 36, Prophezeiung für das Jahr 2036:
Nachdem der besorgte König befürchtet –
dass zuvor Kriege sprechen
Die Inseln bekannt geben Methoden –
damit man Seelen gefangen halten kann
Einige Jahre Gutes vollendet sich – große Einheit und Plünderer
Durch Tyrannei auf der Insel wird der Wechsel herbeigeführt

X. Centurie, Vers 37. Prophezeiung für das Jahr 2037:
Die Versammlung der Großen nahe des Sees der Bürger
Sich versammeln nahe der süßen Lügen – 1 Jahr
Händler sehr aufgebracht – Denker Pläne machen werden
Werden warten 1000 Vermögen –
1 Jahr Kampf des heiligen Julius

X. Centurie, Vers 38, Prophezeiung für das Jahr 2038:
Die fröhliche Liebe nicht lange besetzt den Stuhl
Die heiligen Angreifer werden haben geschmückte Töne
Verlasst den Hass – ich um die Gallier klage
Aus Angst ergeben sie sich der Armee der grauen Töne

X. Centurie, Vers 39, Prophezeiung für das Jahr 2039:
Erste Insel – böse Witwe des glücklichen alten Ehemannes
Jahr Null – in zwei Jahren Inseln im Streit
Bevor 18 Unfähige alt werden
Von den anderen unterdrückt wird Zeit des Einvernehmens sein

X. Centurie, Vers 40, Prophezeiung für das Jahr 2040:
Der junge Einfältige erscheint,
um Britannien 2 Jahre zu regieren
Wenn die zwei erscheint –
stirbt der König, bevor er sich empfiehlt
derjenige stirbt – dem man dort das Öl geben wird,
das zur Sache gehört
Und mit dem Ton sie nach dem Regierenden fragen

X. Centurie, Vers 41, Prophezeiung für das Jahr 2041:
In der Runde der Drei, die den Kopf gebrauchen
Nein, was für einen Krieg man getötet hat – Sterne
Zwei Inseln ranzig – die Hälfte gebraucht
nichts als den Ton des Strahlens
Umgeben von Nasen wie Kugeln und großen Mützen

X. Centurie, Vers 42, Prophezeiung für das Jahr 2042:
Der menschliche Herrscher der Engel –
Liga gegen den harten Krieg bildet
Zeit der Regierung der Töne – Friede man vereinigt hält
Der Krieg ist gefangen zur Hälfte in ihren Klöstern
Lange Zeit der Friede ihr Zeitalter beherrscht

X. Centurie, Vers 43, Prophezeiung für das Jahr 2043:
Die sehr gute Zeit sehr guter Königsherrschaft
Wohlbehagen – und Unbehagen durch plötzliche Fahrlässigkeit
Zurückgekehrt zur Oberflächlichkeit, wird man Fehler begehen
Das Licht wird dort abgeschafft durch ihre guten Flüge

X. Centurie, Vers 44, Prophezeiung für das Jahr 2044:
Weil ein König gegen die Wissenschaftler spricht
Der Geborene von den Zwei – Treue erfährt –
Zeit der reichen Liga
Bergkuppe ist Herz der Röhre und der tropfsteinartigen Materie
Von sieben Mächten der Schatten für den König des Ostens
und der Mauern geboren

X. Centurie, Vers 45, Prophezeiung für das Jahr 2045:
Der Schatten der Regierung der Schiffe – hinter ihr kein Wohlstand
Leber für das Leben von der widerrechtlichen Art
Die Witwe ist nahe – bereitgestellt,
um den Krummbeinigen zu lieben
Goldener König – die Jahre werden ihm
die rechtmäßige Mauer zurückgeben

X. Centurie, Vers 46, Prophezeiung für das Jahr 2046:
Leben – meinetwegen stirb am Reichtum des Goldes –
Haus der Einweihung ohne Würde
Wird sein in Sachsen kein neuer Kurfürst gewählt
Dem Braunen folgen 100 –
werden kommen lassen die gezeichnete Liebe
Bei der 10 der Mauerabsatz kann den Führer verletzen

X. Centurie, Vers 47, Prophezeiung für das Jahr 2047:
Für die Stadt, die die Seelen schmückt
Dort man trifft Rasierte – gebrauchen einen Teil des Tones
Der große Prälat des Löwen verändert zuvor seine Gestalt
Bei der Zehn Seltenes und Entführer machen Fehler

X. Centurie, Vers 48, Prophezeiung für das Jahr 2048:
Das Gründlichste die Spanier unterrichtet
Gewinnen die Spitze und die Enden von Europa
Verwirrung geht vorüber nahe der Brücke des Vulkanischen
Wird Tatsachen schaffen durch Zusammenschluss seiner Truppen

X. Centurie, Vers 49, Prophezeiung für das Jahr 2049:
Der Garten der Welt – nahe der neuen Stadt – es brennt
Auf dem Weg der Lüge – scharf ist die Gruft
Wird sein gepfändet und abwärts gerichtet in den Keller
Stärke des Windes durch die Kraft des entzündeten Schwefels

X. Centurie, Vers 50, Prophezeiung für das Jahr 2050:
Die Seelen benutzen den Tag –
vier Irrtümer wegen des Luxus der Bürger
Wird aufgedeckt bei der eins – die Rasse der Kahlgeschorenen
ist nicht davon betroffen – drei in der Urne
Spitzer Berg und ebene Stadt ist dann Kopf der Bürger
Der Reichtum ausnutzt die Flut –
Verrat des Tons durch die große 8. Urne

X. Centurie, Vers 51, Prophezeiung für das Jahr 2051:
Von den Orten, die viel weniger vom Reichtum besitzen
Geht die Grundlage für die Vereinigung der Deutschen aus
Durch diejenigen vom Sitz an der Spitze – die schwarze Kunst
wird für 1000 Jahre ausgemerzt – 1000 haben sich eingeweiht
Und für 10 mal 100 Jahre alles wird sich wieder vereinigt haben

X. Centurie, Vers 52, Prophezeiung für das Jahr 2052:
Zu der Bodenhefe will man werfen Zellgewebe,
damit es sich verheiratet
Es werden sein die Edelmütigen –
die dieses für lange Zeit handhaben werden
Am Ort des Afters – Irrtümer, wo die Kröte kutschiert
Spielt nicht – seid wachsam – wegen der Bequemlichkeit,
die die indischen Freunde lieben

X. Centurie, Vers 53, Prophezeiung für das Jahr 2053:
Die drei Glatzköpfigen – diejenigen,
die sich lange gegenseitig geschlagen haben
Dort die geringste Angst – Zeit des Hörens
Das große Salz der Einweihung wird der Beschützer sein
Der Name des Zeitalters wird (beinhalten)
eine schöne weiße Straße

X. Centurie, Vers 54, Prophezeiung für das Jahr 2054:
Geboren von dieser Welt –
durch die aneinander gefügten Körper – göttliches Geheimnis
Bei der zwei hochgestellt – durch sie traurige Neuigkeiten
Unter Feinden befindlich wird der Prinz gefangen sein
Und Liebenswürdiges wird zu Bösartigem und Rotem

X. CENTURIE, VERS 55, PROPHEZEIUNG FÜR DAS JAHR 2055:
Die unglücklichen Knoten werden gefeiert werden
Darüber große Freude sein wird – aber das Ende ist unglücklich
Hochzeit mit dem schwarzen Meer
wird ungnädig aufgenommen
Beide tot und das Schwarze ist sehr erbärmlich

X. CENTURIE, VERS 56, PROPHEZEIUNG FÜR DAS JAHR 2056:
Durch den Priester der königliche Ton sinkt –
zuvor zu viel gezogen
Große Flut von Engeln werden verlassen
einen Teil seines Mundes
Die Regierung der Engelliga
durch Regieren Schätze sich einverleibt
Der Nagel der Zeit stirbt – lebt im Getötetsein –
wie ein Baumstumpf

X. CENTURIE, VERS 57, PROPHEZEIUNG FÜR DAS JAHR 2057:
Das unter dem sich Erhebenden befindliche –
nicht umsetzbare – Zepter der Töne
Wird den Wissenschaften Jahre des Spiels gebären –
davon ganz große Ehrungen
Diejenigen, welche sich machen eine bessere Art des Ballastes
Für ihre 5 Stöße – zum Sterben schwarze Fahnen erscheinen

X. CENTURIE, VERS 58, PROPHEZEIUNG FÜR DAS JAHR 2058:
Es ist die Zeit der Tötung der Stadt wegen der Katze –
1000 haben eine Arche
Krieg der Könige – Zeit des Spiels – nicht des Ausströmens
Gekreische gallischer Väter – 100 schichten das Schiff
Versuche in der Grube der Wissenschaft gelingen –
Einvernehmen wird erhalten

X. Centurie, Vers 59, Prophezeiung für das Jahr 2059:
Für vier Jahre entsteht gefesselter Wind –
der Kopf tötet, die nicht atmen
fünf Staatsbürger der Luft – Hände drücken – dort Einweihung
Abreise unter edler Führung steht bevor – lange Schleppe
Und man entdeckt Grünes – Parabolisches der Masse –
Zeit der Einweihung

X. Centurie, Vers 60, Prophezeiung für das Jahr 2060:
Ich weine Nizza – 1000 Jahre byzantinischer Handel
entwickelt sich
Sein nein – keine Wissenschaft –
dies ist der Gestank der Art und Weise des Bösen
Das, was unter den Engeln ist und das Schwert der Faulheit,
das entstanden ist
Hat die Erde erschüttert – unglückliches Wasser des Extrems

X. Centurie, Vers 61, Prophezeiung für das Jahr 2061:
(Erste Zeile kann nicht übertragen werden)
Werden überlassen den Angreifern aus Ungarn
der Vereinigung der Neun
Durch die Spitze – welche voll Leidenschaft ist
Die Töne des Schwurs werden entdeckt durch die ältere Dame

X. Centurie, Vers 62, Prophezeiung für das Jahr 2062:
Nahe die Goldenen, um zweifach die Ungarn anzugreifen
Der Herold der Zimperlichen,
die kommen werden zum Todesschuss
Bei Byzanz Empfangszimmer der Sklaverei
Zum Glauben der Araber sie werden übertreten

X. Centurie, Vers 63, Prophezeiung für das Jahr 2063:
Sterne man verjüngt – dies ist die Stadt der heiligen Dreiheit
Wieder grün wird werden die Medizin – zuvor Hilfe
Tot die Inseln des Königs durch den Tod der zwei Helden
Die Araber den Ungarn eine übel zugerichtete Zukunft bereiten

X. Centurie, Vers 64, Prophezeiung für das Jahr 2064:
Weine 1000 Jahre – weine Mailand –
Licht über die Verdienste deiner Vorfahren
Wenn dein großer Herzog auf den Wagen steigen wird
Wechselt der Sitz nahe Venedig – von außen kommt etwas dazu
Dann, wenn die Kolonne sich Rom zuwendet

X. Centurie, Vers 65, Prophezeiung für das Jahr 2065:
O mächtiges Rom – dein Untergang nähert sich dir
Nichts von deinen Mauern – von deinem Blut –
von deiner Substanz bleibt
Überdrüssig der Vorbereitung – Verträge – Zeit,
in der Schreckliches geschehen wird
Scharfe spitze Eisen der Luft werden gegen alles gerichtet,
bis nichts mehr da ist

X. Centurie, Vers 66, Prophezeiung für das Jahr 2066:
Der Herr von London – eingesetzt
durch die Regierung der reichen Seelen Amerikas
Über die Insel, die sich mit den Hörnern stößt,
herrscht – das Zeitalter ist durch Gefrieren geprägt
Der König der Wiedertäufer einen großen Fehler
gegenüber dem Antichristen macht
Dadurch, dass sie alles in die aussätzigen Seelen
investieren werden

X. Centurie, Vers 67, Prophezeiung für das Jahr 2067:
Die Erschütterungen werden sehr stark im Monat Mai sein
Saturn im Krebs, Jupiter, Merkur im Stier
Venus auch im Krebs, Mars ihm fehlt
Werden niederfallen Geraupel,
welche größer als ein Hühnerei sein werden

X. CENTURIE, VERS 68, PROPHEZEIUNG FÜR DAS JAHR 2068:
Die Waffe wird sein das Meer – vorher die Stadt wird gehalten
Dann Abfahrt ohne Luft – langes Gehen
Die Einwohner großen Raub begehen,
indem sie die Erde nehmen werden
Zurückgekehrt – 100 werden zurückgelassen –
Großes auf Anhieb

X. CENTURIE, VERS 69, PROPHEZEIUNG FÜR DAS JAHR 2069:
Beginn der Tatsache des neuen Mondes – Altes erwacht
Wird sehr groß werden durch den Süden – Aquilon
Von seiner Schwester beginnt sich Eigenständiges aufzubauen
Flüchtige Mörder an der Macht des Tons der schönen Frau

X. CENTURIE, VERS 70, PROPHEZEIUNG FÜR DAS JAHR 2070:
Das Öl, das aus dem Gegenstand kommt,
wird solche Ausmaße erreichen
So sehr und so brennend,
dass es zum Grab der Zeit des Schnees wid
Auf dem Kiesfeld gebraucht man es –
davon wird kommen die Abnahme
Wenn der Primas unterliegt –
kommt die Zeit der Landvermessung

X. CENTURIE, VERS 71, PROPHEZEIUNG FÜR DAS JAHR 2071:
Die Erde und die Luft werden gefroren sein –
auch das große Wasser
Weil man beginnen wird, den göttlichen Krieg zu spielen
Diejenigen, welche mit keiner schönen Haut geboren werden
Werden zu vier Teilen kommen,
ihm (dem Krieg) die Ehre zu erweisen

X. CENTURIE, VERS 72, PROPHEZEIUNG FÜR DAS JAHR 2072:
Das Jahr/Im Jahr 1000 des neuen Jahrhunderts
nicht vor neun sieben Monaten
Am Himmel wird ein großer König des Schreckens erscheinen
Wieder auferweckt wird der große König der Engel
aus purem Gold
15 vorher 1 danach 1000 Sterne regieren für eine Weile

X. CENTURIE, VERS 73, PROPHEZEIUNG FÜR DAS JAHR 2073:
Die Zeit zeigt für 500 Jahre, dass, was vorübergegangen ist
Sie wird gerichtet werden
durch den großen idealistischen Spieler
Später wird die Welt seiner überdrüssig werden
Und ihm untreu werden durch die Geistlichkeit,
die ihm geschworen hat

X. CENTURIE, VERS 74, PROPHEZEIUNG FÜR DAS JAHR 2074:
Auf dem Rückflug wird dort eine große Zahl
an vergiftetem Blut sterben
Zu dieser Zeit kommt der König der Sterne empor –
Spiele des Blutbads
Keine Verlängerung des großen 1000-jährigen Zeitalters
Wenn sie eintreten, haben sie ihre Gräber verlassen

X. CENTURIE, VERS 75, PROPHEZEIUNG FÜR DAS JAHR 2075:
So sehr man es erwartet – es wird nicht zurückkehren jemals
In vier Jahren in Europa und Asien wird hervortreten
Einer der Vereinigung als Engel des großen Hermes
Und alle Könige des Orients werden (an ihn) glauben

X. CENTURIE, VERS 76, PROPHEZEIUNG FÜR DAS JAHR 2076:
Der große Senat der Unterschiedslosigkeit aller
wird großen Pomp entwickeln
Einer, der danach siegen wird – wird gejagt
Seine Anhänger werden den Ton der Täuschung benutzen
Gut veröffentlicht – Feinde stellen die Verfolgung ein

X. Centurie, Vers 77, Prophezeiung für das Jahr 2077:
Dreißig Anhänger den Befehl desjenigen erhalten,
der berühmt ist
Bekanntmachungen ihnen Gutes ihrer Gegner geben werden
Alle ihre Wohltaten werden verspielt werden
Eine Abteilung der Spanischen befreit wird –
durch die Mächtigen der Luft

X. Centurie, Vers 78, Prophezeiung für das Jahr 2078:
Plötzliche Freude in plötzlicher Trauer
Wird sein als Wohlgeruch der Gnade umarmt
Großes Leid lässt ihre Waffen zusammenschrumpfen
Gerichtet gegen die Vereinigung –
aus der Luft Überrumpelungen und Zähmung

X. Centurie, Vers 79, Prophezeiung für das Jahr 2079:
Die alten Wege werden alle verschönert werden
Man verlässt sie – Zeit der gleichen Physik im Osten kommt
Das große Meer wird durch den Gewaltigen
von den Blumen der Unordnung geheilt
Vorher wird es Erschütterungen der Luft,
der Erde des Meeres und ihrer Gegensätze geben

X. Centurie, Vers 80, Prophezeiung für das Jahr 2080:
Um zu regieren der Schwarze
zuvor die große regierende Regierung absetzt
Durch die Macht der Waffen
werden die großen Ländergrenzen bestimmt
Zeit der geöffneten Luft und der Herzog freut sich
Zerstörung trägt das Neue der Töne – Tag des Dummkopfs

X. Centurie, Vers 81, Prophezeiung für das Jahr 2081:
Der Schatz wird in den Tempel der Bewohner Spaniens gelegt
Vier Jahre dasjenige zurückgezogen am geheimen Ort ist
Der Tempel öffnet sich den Orten der Seelenvereinigung
Wiedererlangt erfreuen sich zwei Könige des Wassers
an 1000 Orten

X. Centurie, Vers 82, Prophezeiung für das Jahr 2082:
Zusammenschrumpfen ihrer Waffen
mit Unkosten wird bei 10 kommen
Scheinen vorher davor zu fliehen – danach Angriff
Das ringsherum Eingepferchte – Angepflanzte –
Gründliche auf der Hochebene
Das Leben wieder ihn anstößt
und getötet lacht es aus voller Höhe

X. Centurie, Vers 83, Prophezeiung für das Jahr 2083:
Kampflos wird der Thron nicht gegeben werden
Teilweise wird sein Zusammengezogenes gezwungen,
nach außen zu gehen
Vom ausgezogenen Handschuh
wird eingehämmert werden der Unterricht
Was für eine Zeit steht bevor,
in der alle die Wissenschaften verboten werden

X. Centurie, Vers 84, Prophezeiung für das Jahr 2084:
Die Natur wird sehr erhöht – Hohes wird nicht gestürzt
Die vier Künste kehren zurück – es kommt die Zeit,
wo sie zufrieden sich vereinigen
Der Krieg lange Zeit nicht mehr sein wird –
er wird abgesattelt sein
Indem das Gesetz herrscht und vergessen ist
alles der vergangenen Zeit

X. CENTURIE, VERS 85, PROPHEZEIUNG FÜR DAS JAHR 2085:
Der alte Tribun am Punkt der drei Halbkreise
Wird unterdrückt werden –
gefangen und nicht in Freiheit gesetzt
Der Alte wird nicht wollen – das Böse wird schüchtern sprechen
Durch Rechtskräftiges seiner Freunde – ausgeliefert

X. CENTURIE, VERS 86, PROPHEZEIUNG FÜR DAS JAHR 2086:
Wie ein Geier wird kommen der König Europas
Begleitet von demjenigen von Aquilon –
den ersten, den man schon hat
Von den Roten und Weißen werden geführt große Truppen
Fünf werden durch die Luft gezogen sein – dort gegen die
päpstliche Säule

X. CENTURIE, VERS 87, PROPHEZEIUNG FÜR DAS JAHR 2087:
Großer König wird kommen – nimmt die Grenze nahe bei Nizza
Das große Reich des Todes wird in dieser Zeit sein
Ins Gegenteil wird sich der Traum Nizzas kehren
Über dem Meer alles pulverisiert wird – alle lebendige Spreu

X. CENTURIE, VERS 88, PROPHEZEIUNG FÜR DAS JAHR 2088:
Die Füße und die Haare in der Sekunde alt werden
Man wird sich ausgedehnten Zutritt verschaffen –
alles über dem Meer
In vier Jahren das Fell kommt – Zeit des Losmachens der Rille
Weinen, Knirschen, Blut für 11 Jahre – eine sehr bittere Zeit

X. CENTURIE, VERS 89, PROPHEZEIUNG FÜR DAS JAHR 2089:
Aus Ziegeln von Marmor werden die Mauern verkleinert sein
22 Jahre Frieden
Zur Freude der Menschen
werden die Wasserleitungen wieder hergestellt
Gesundheit, gute Ernten, Freude und honigsüße Zeit

X. Centurie, Vers 90, Prophezeiung für das Jahr 2090:
Hundertmal sterben wird der unmenschliche Tyrann
An seinen Platz gestellt – versiegelt und gutmütig geworden
Der ganze Senat wird sein unter seiner Hand
Gekennzeichnet wird er sein durch Schlauheit und Waghalsigkeit

X. Centurie, Vers 91, Prophezeiung für das Jahr 2091:
Römischer Klerus – im Jahr 1000 sechshundert und neun
Zum Chef der Esel wird er erwählt sein
Aus einem Grauen und Schwarzen
der Gesellschaft hervorgegangen
Welcher elf nicht schlau gemacht hat

X. Centurie, Vers 92, Prophezeiung für das Jahr 2092:
Zuvor die zwei Kriege das Kind töten werden
Zwei Kriege entstehen nach Eintritt des ionischen Stricks
Umsichtiges Volk wird sich Mühe geben
Bewegungslos ist der Herr der 1000 Spiele –
wie ein Baumstumpf

X. Centurie, Vers 93, Prophezeiung für das Jahr 2093:
Das neue Schiff wird brennend seine Reise aufnehmen
Dort und in der Nähe wird das Reich umgestaltet werden
In das Fell 100 haben gebohrt –
Rückgewinnung der Beherbergung
Nahe zweier Kolonien wird gefunden werden Zerriebenes

X. Centurie, Vers 94, Prophezeiung für das Jahr 2094:
Versagen im Osten durch Unterlassung – nicht Lebensgefahr
Nicht gehorcht alles dem Diktat Spaniens
Bei der 10 Vollgestopftes – um die große Bedingung zu erfüllen
Sechs entkommen – in engelhafter Kleidung

X. CENTURIE, VERS 95, PROPHEZEIUNG FÜR DAS JAHR 2095:
In vier Jahren wird in Spanien ein sehr mächtiger König kommen
Plötzlich über dem Meer und der Erde Großes aus dem Süden
Das Übel verursacht eine Verringerung des Wachstums
Erniedrigt die Flügel an demjenigen des Windes

X. CENTURIE, VERS 96, PROPHEZEIUNG FÜR DAS JAHR 2096:
Religion mit dem Namen der siegreichen Mütter
Gegen die Sekte der Söhne – er belohnt vorteilhaft
Sekte ist halsstarrig – sehr zu bedauern – werden sich fürchten
Schlag auf den Kopf hat sie verletzt – durch Aussatz – Aussatz

X. CENTURIE, VERS 97, PROPHEZEIUNG FÜR DAS JAHR 2097:
Dreifach nachgemessen worden ist alles –
das Alter gefangengenommen
Zeit wird gut zu schlecht – das Sanfte zum Beleidigenden
Zwei Könige als Angreifer waren zu hastig
Geldgierig vom Sehen – beklagenswert im Wind der Feder

X. CENTURIE, VERS 98, PROPHEZEIUNG FÜR DAS JAHR 2098:
Der helle Lichtstrahlenglanz der fröhlichen Jungfrau
Wird sehr lange Zeit nicht leuchten
Mit abtrünnigen Händlern kommen gehässige Wölfe
Alle Messer verriegeln das Weltungetüm

X. CENTURIE, VERS 99, PROPHEZEIUNG FÜR DAS JAHR 2099:
Das Ende des Wolfes, des Löwen, Stieres und Esels
Schüchterner Kopf der Menge in der Luft
mit der Masse sich einweiht
Nichts mehr ist teuer – strahlend das Süße
Mehr Wachsamkeit und ein Altarvorhang
für die Masseneinweihung